SOMMAIRE

LE CIRQUE
UN ART À LA CROISÉE DES CHEMINS

Pascal Jacob

DÉCOUVERTES GALLIMARD
CULTURE ET SOCIÉTÉ

Nos conceptions actuelles du cirque s'inspirent autant des belluaires antiques et des danseuses de corde que des baladins et troubadours. Cette évolution tranquille trouve sa plénitude dans un cercle de sciure imaginé – réinventé peut-être – au XVIIIe siècle en Angleterre. Cette figure immuable de treize mètres de diamètre demeure l'œuvre de Philip Astley, sergent de cavalerie ébloui par les prouesses des voltigeurs équestres de l'époque.

CHAPITRE 1

« LES SCÈNES DANS LE CERCLE »

Afin d'attirer un public curieux, les artistes déploient leur savoir-faire dans une parade, avant-goût des merveilles contenues sous la tente. L'essentiel est de suggérer l'exploit avant d'en donner la preuve concrète. Acrobates, musiciens et jongleurs se disputent alors la vedette.

Un bestiaire discipliné comme point de départ

Sage ou cruelle, l'étrange fascination des hommes pour le règne animal est à l'origine de complicités diverses. Les premières collections de bêtes captives dans des ménageries sacrées datent de l'Égypte ancienne, il y a près de trente-cinq siècles : lévriers, singes, oiseaux, léopards et girafes, rassemblés en des jardins fleuris, mais qui ne resteront pas longtemps l'apanage des bords du Nil. Ces bêtes servent essentiellement à fournir le gibier pour les chasses royales et sont un élément privilégié du culte des divinités. Les Dionysies, que les Grecs célébraient en 500 av. J.-C., rassemblent en une extraordinaire procession des centaines, voire des milliers d'animaux et de figurants et annoncent irrésistiblement les parades américaines dont les fastes rappelleront de façon lointaine l'ampleur de ces défilés religieux.

Les Chinois et les peuples de l'Inde entretiennent aussi d'importantes collections; mais la civilisation grecque développe peu le principe de la ménagerie.

Dans l'Antiquité grecque ou égyptienne, les animaux se mêlent déjà au spectacle. Certains, comme les singes (à gauche), subissent un dressage et produisent des numéros que le cirque moderne ne renierait peut-être pas. D'autres, en revanche, sont utilisés pour des exercices acrobatiques, comme ce taureau crétois qui sert de monture à de jeunes athlètes. Tandis que l'animal charge, tête baissée, l'un d'eux saisit ses cornes à deux mains, se balance entre elles et retombe dans les mains d'un autre partenaire. Le goût du risque et du danger est déjà présent dans les jeux antiques et deviendra l'une des dimensions essentielles du cirque contemporain.

Funambules et équilibristes : prémices d'une tradition acrobatique millénaire

Les premiers amphithéâtres, crétois, abritent surtout les courses de chars. À Cnossos, on a retrouvé un mur peint, datant d'environ 2400 av. J.-C., qui montre de jeunes athlètes se livrant à des exercices sur un taureau. En Grèce, les artistes travaillent beaucoup dans la rue, sur les places et sur l'Agora. La danse de corde y serait apparue en 1345 av. J.-C. Ces funambules de la première heure réussissent des tours surprenants sur la corde raide, s'y suspendent par les pieds, tournoient, courent sur la corde oblique et s'y laissent glisser à des allures vertigineuses. Ailleurs, la tradition acrobatique est également importante : les Cyzicéniens en Asie Mineure étaient par exemple d'excellents danseurs de corde, et de nombreux documents hindous représentent d'étonnants contorsionnistes, tandis que les Japonais sont capables d'extraordinaires équilibres sur bambou.

Le sang des arènes romaines, lointain miroir du cirque moderne

Distribution de nourriture et jeux du cirque constituent le fer de lance de la politique impériale.

Les Hindous étaient certes de remarquables dresseurs, dont les fauves apprivoisés se promenaient dans les palais, mais aussi, comme l'atteste cette gravure du XVIIIe siècle, des acrobates et des équilibristes dont le répertoire semble d'une extrême richesse. Équilibres sur échasses ou contorsions autour d'un mât sont des exercices résolument modernes.

La culture se met ainsi au service du plaisir ; théâtres, amphithéâtres et cirques contribuent à créer ce qu'il est convenu d'appeler la « servitude oisive » des villes. Pour le peuple, le cirque devient l'autre temple, le lieu privilégié des réunions, l'autel de l'espoir et des vœux. Animaux sauvages, gladiateurs, martyrs chrétiens, véritables cadeaux vivants, sont offerts à la convoitise des foules pour les séduire et surtout les maintenir sous la coupe d'un pouvoir dont la force réside plus dans la poussière et le sang du cirque que dans le marbre du Sénat.

Les Jeux s'inscrivent dans un quotidien mythique ; par leur régularité, ils rythment l'existence des Romains et alimentent les passions. Un peuple entier se presse sur les gradins au seul nom d'un droit ou d'un privilège, celui de s'asseoir presque chaque jour à l'amphithéâtre ou au cirque.

Les courses de chars excitent les passions et entraînent des paris insensés sur la rapidité des chevaux répartis en factions identifiables à leurs couleurs. Les conducteurs ont un statut social étrangement ambigu : le fait de se produire dans l'arène équivaut à se prostituer ; mais les cochers vainqueurs sont aussi des vedettes adulées et respectées. Bien que le naufrage (explosion du char heurté par un concurrent en pleine course) soit fréquent, certains mènent une carrière exemplaire puis se retirent, fortune faite.

Ce spectacle gratuit est son seul luxe. Plus que le pain distribué, les jeux fournissent à l'empereur l'occasion d'établir avec les Romains le contact indispensable au bon fonctionnement d'un régime à la fois autoritaire et démagogique. Le plus important de tous les cirques du monde antique, le Circus Maximus, atteindra, au fil de ses aménagements et des empereurs successifs, la capacité hallucinante de trois cent quatre-vingt-cinq mille places !

À Rome, les jours de spectacle, la police est contrainte d'organiser des milices particulières pour surveiller les maisons vides exposées à l'avidité des pilleurs.

Un jour au cirque

Le spectacle proprement dit, outre les combats de gladiateurs et les courses de chars, images traditionnelles et symboles des jeux romains, propose un certain nombre d'attractions qui sont beaucoup plus proches de nos conceptions actuelles. Chaque série de jeux s'ouvre par une parade, précédée d'une fanfare et d'une troupe de comédiens masqués, chargés de faire rire la foule au moyen de culbutes et d'équilibres ratés, sorte de préfiguration antique du charivari. Des écuyers défilent, debout sur deux chevaux au galop, précurseurs d'équilibres plus contemporains mais dont la base technique reste identique; douze paires de chevaux tenus aux longues rênes évoluent simultanément en un carrousel devenu classique; ou encore des voltigeurs sautent, en plein galop, d'un cheval à l'autre.

Moment fatidique du virage lors d'une course de chars... L'immense installation du *Circus Maximus* revêt un caractère astrologique et symbolique qui ne nous est pas forcément familier. L'arène est l'image de l'univers; l'obélisque au centre de la *spina* (l'épine dorsale du cirque, sorte de longue plate-forme de marbre encombrée de statues et d'accessoires), figure le soleil jaillissant au sommet des cieux.

Au-dessus de l'arène, évoluent des funambules à très grande hauteur qui, par leurs prodiges, font frémir les foules. C'est d'ailleurs à la suite de la chute mortelle d'un enfant qui participait à ces périlleux exercices que l'empereur Marc Aurèle imposa la présence de matelas et plus tard de filets de protection. Des dresseurs d'animaux, qui tiennent leur savoir des Grecs et des Égyptiens, produisent dans l'arène quelques petits phénomènes aux talents divers : des singes musiciens, des ours boxeurs, un aigle emportant un enfant dans ses serres, des lions qui chassent et ramènent vivant dans leur gueule un lapin effaré, des éléphants danseurs, des comédiens ou des funambules, capables d'une ascension

Les douze portes, à l'une des extrémités, représentent les constellations du zodiaque ; les sept tours de piste réglementaires des courses de char sont les sept planètes de la semaine. Le cirque devient ainsi une projection de l'univers et de la destinée humaine.

sur deux fils tendus au-dessus du public et prolongeant l'exploit par une descente à reculons.

Ces exercices pacifiques ne sont malheureusement qu'un pâle reflet des diverses utilisations des animaux. L'amphithéâtre ou le cirque abritent un carnage inlassablement répété par l'avidité grandissante du public.

Bateleurs et danseurs de corde choisissent l'errance

La chute de l'Empire romain a précipité la fin des Jeux qui n'ont subsisté qu'au travers de résurgences ponctuelles, infiniment moins sanglantes, avant de s'effacer complètement. Au VIe siècle, les Mérovingiens tentent de rétablir le spectacle du cirque. Mais le projet se solde par un échec. Symbole définitif de violence, le mot disparaît du vocabulaire courant pour quelques siècles. Avec l'éclatement de l'Empire romain, bouffons, mimes et acrobates se dispersent et commencent

Lors des fêtes populaires, danseurs de corde, acrobates, musiciens et montreurs d'animaux sont les éléments essentiels des réjouissances. La recherche de nouveaux publics les oblige néanmoins à voyager beaucoup. C'est ainsi qu'est née l'expression « payer en monnaie de singe ». En effet, au lieu d'acquitter un droit de passage pour pénétrer dans les villes, les baladins préfèrent exécuter un tour devant les prévôts ou montrer leurs animaux, ours ou singes.
Les exhibitions sont multiples et certains qui voyagent en troupe peuvent proposer des exercices plus élaborés, comme ce saut des cerceaux, d'après une gravure du XVIe siècle.

à voyager, instaurant ainsi la notion d'artistes ambulants. Ils vont de château en château pour divertir seigneurs et riches propriétaires.

Codification de l'errance

Le Xe siècle voit la transformation des marchés traditionnels en foires plus importantes. Leur expansion rapide va cristalliser le phénomène de l'errance et codifier le principe même du voyage. Rassemblement populaire qui attire une foule chaque fois plus nombreuse, la foire devient un lieu privilégié d'exhibition pour tous les artistes ambulants. Ainsi, le public change : ce n'est plus de château en forteresse mais de ville en cité que se font les déplacements et les installations. Toutes les grandes villes d'Europe ont une foire. Une forme de calendrier se met en place. Funambules, jongleurs et montreurs d'ours s'y retrouvent régulièrement. Le travail n'en reste pas moins difficile : les voyageurs doivent passer au travers des guerres, des épidémies et des persécutions en tous genres. Un jongleur trop habile se pare très vite des charmes d'un sorcier dont les prouesses risquent de se consumer sur le bûcher.

Enfin l'excommunication des comédiens – qui n'est pas un vain mot – ne les incite guère à se produire sur le parvis des églises, lieu de rassemblements importants. Lorsque Louis XIV interdit aux danseurs de corde et autres bateleurs d'exercer leurs talents sur la voie publique, il provoque un regroupement obligatoire dans le cadre autorisé des foires. C'est la formation des premières grandes troupes : danseurs de corde, jongleurs, acrobates s'allient rapidement aux écuyers anglais et espagnols. Ces artistes se produisent en plein air ou dans des baraques en bois, ou bien encore sur la scène de certains théâtres, notamment sur celle du Sadler's Wells à Londres.

Dans la seconde moitié du XVIIIe siècle, les foires, souvent immenses, ont la réputation d'être des foyers d'agitation. Elles sont donc réduites et souvent purement et simplement interdites. Les artistes nomades se retrouvent une nouvelle fois sans lieu d'exhibition légal.

Le XVIIIe siècle invente le cirque

De la frénésie barbare et des éclats de sang des jeux romains, il ne subsiste plus grand-chose dans le concept actuel de cirque. Le mot même disparaît du vocabulaire courant.

Il réapparaît curieusement au XVIIIe siècle, au fronton d'un établissement londonien : « Un théâtre était à construire, que je me proposais d'appeler le "Royal Circus". » La phrase est de Charles Dibdin, compositeur, homme de théâtre et principal associé de Charles Hugues, premier rival d'Astley qui conçut le cirque moderne. Le mot « cercle », du latin *circus*, après quelques siècles d'oubli, reprend vie publique. Quels qu'aient été la source d'inspiration de Dibdin et son degré d'érudition, le mot devient symbole d'une forme nouvelle de spectacle. Astley, quant à lui, adopte, pour désigner sa salle, le terme d'« amphithéâtre », séduit sans aucun doute par sa grandiloquence. Il est amusant de constater que ces deux appellations correspondent aux deux formes majeures de spectacle de l'Antiquité.

Itinéraire d'un cavalier

Philip Astley, né en 1742, fils d'un ébéniste anglais et que rien ne prédispose véritablement au spectacle, est un cavalier

La constitution des troupes permet de concevoir des numéros d'ensemble, à l'image de cette pyramide. Ces exhibitions sur les places publiques sont monnaie courante au XVIIIe siècle. Philip Astley ne viendra pas au cirque sans bagages : de son passé militaire il imposera les brandebourgs et le shako. Avant de s'inventer un langage vestimentaire, le cirque s'inspirera beaucoup des uniformes chamarrés des armées de l'époque. Le fils de Philip Astley, John (en bas, à droite), en « hussard de cirque », ne dérogea pas à cette règle. Ses pantomimes seront souvent d'inspiration militaire, prétexte à un vaste déploiement d'uniformes.

émérite. Engagé dans un régiment prestigieux, il y glane un certain nombre de lauriers, une forme de gloire, un étendard et deux chevaux. Séduit par les voltigeurs équestres alors en vogue, et certainement alléché par leurs profits substantiels, il décide de faire aussi bien, sinon mieux, et se met à son compte. Marié dans la foulée, il loue en 1768, à Londres, un champ, Halfpenny Hatch (aujourd'hui enfoui sous la gare de Waterloo) et, dans un enclos de cordes, soutenu par un tambourin et deux fifres, il donne une série d'exercices acrobatiques à cheval qui étonnent, avant de le conquérir, un public ravi. Il y ajoute un court numéro de dressage : un cheval capable de faire le mort et de se relever à la demande.

Philip Astley impose le cercle comme la composante fondamentale du spectacle, cette figure géométrique, symbole d'une architecture, instaure un rapport inédit entre un espace scénique et le public. Dans sa dimension

immuable de treize mètres – la longueur de la chambrière en représente le rayon –, la piste devient un point de repère unique à travers le monde. Pour que l'artiste d'un soir ou d'une saison soit toujours à sa place dans un espace consacré et permanent.

L'amphithéâtre d'Astley, berceau du cirque moderne. Pour y attirer un public plus nombreux, Astley n'hésitera pas à utiliser une voiture publicitaire.

Le premier grand succès : un fait divers tourné en dérision

En juillet 1768, Philip Astley crée un numéro comique, appelé « La Course du tailleur à Brentford », parodie équestre illustrant les maladresses d'un tailleur – ceux-ci ont une réputation de piètres cavaliers – lors d'un court voyage jusqu'à cette ville.

Astley s'inspire d'un fait divers de l'époque. Un politicien, John Wilkes, interpellé par la Chambre des communes pour différents litiges, décide de passer outre et se présente en manière de défi aux élections

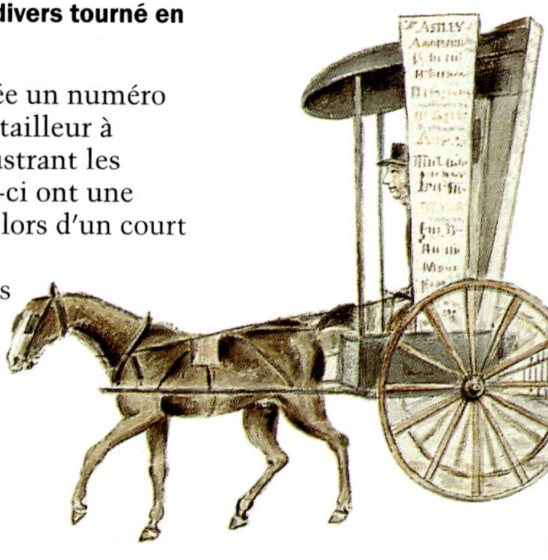

du parlement du comté du Middlesex. Le vote doit avoir lieu dans la ville de Brentford. Le bras de fer entre Wilkes et la Chambre passionne l'opinion, et de nombreux supporters se déplacent pour assurer la victoire de leur favori, parmi lesquels notre tailleur. L'anecdote excite l'imagination des chroniqueurs et du public. L'histoire racontée se transforme en élément de folklore local et donne lieu à un certain nombre de dessins et de gravures. Astley s'en empare et invente un numéro de cirque qui devient rapidement un classique du genre et s'exporte sous des noms différents en France et dans le reste de l'Europe (« Rognolet et Passe-carreau », « Le Tailleur gascon », etc.). Véritable cheval de bataille des voltigeurs équestres, cette parodie sera déjà au programme du premier cirque américain.

Au gré de ses fortunes, Astley complète ses programmes et élargit son public

Le hasard – il trouve une bague en diamants qui ne lui sera jamais réclamée – lui permet de clôturer puis de couvrir son établissement, attirant ainsi de nouvelles couches sociales. Il donne alors une dimension bourgeoise et bientôt aristocratique à son spectacle. Puis, en traversant le pont de Westminster, il a – encore – la bonne fortune de retenir un cheval emballé : c'est tout simplement celui de George III, roi d'Angleterre, et ce dernier l'invite à la cour pour y donner une représentation privée.

Il est bientôt convié à se produire devant Louis XV, à Fontainebleau. C'est le succès. Mais, à son retour en Angleterre, il apprend que Charles Hugues, un de ses écuyers de la première heure, a créé un établissement rival, le Royal Circus. Cette présence nouvelle est le point de départ de contrecarres violentes pour un monopole que ni l'un ni l'autre ne parviendront jamais à obtenir. Leurs différends les opposent au lieu de les unir contre les magistrats qui leur dispensent tour à tour autorisations et interdictions.

Dès la fin du XVIIIe siècle, le cirque s'approprie les procédés du théâtre en accolant une scène à la piste (à droite de l'image). Des passerelles permettent un passage rapide de l'une à l'autre. Ainsi reliés, ces espaces constituent un cadre idéal pour de grandes pantomimes.

Dans leurs efforts pour se surpasser, ils finiront tous deux en prison, pour avoir autorisé leurs artistes à parler sur la piste, privilège réservé aux seuls théâtres.

L'aventure française

Astley revient en France en 1783 et joue devant la reine Marie-Antoinette à Versailles. Séduite, elle baptise le fils de l'écuyer, John, la « Rose anglaise ».

Fort de son succès, Astley ouvre l'amphithéâtre anglais rue du Faubourg-du-Temple. Il y donne tous les soirs à six heures un spectacle équestre et acrobatique éclairé aux chandelles. Dès cette époque, Philip et John se partagent le travail : Londres et Dublin (où ils se sont nouvellement implantés) pour John, tandis que Philip prend en charge les tournées. Ils se retrouvent, enfin, pour chaque saison parisienne.

En 1789, la Révolution éclate et Astley ferme son cirque pour regagner en hâte l'Angleterre. À peine a-t-il tourné les talons qu'un certain Franconi se proclame directeur et reprend les rênes de l'établissement.

Quelques années plus tard, Astley revient à Paris pour tenter en vain de reprendre son cirque. Retiré sans rancune dans la capitale française, le fondateur

À l'instar des ballerines de l'opéra, les écuyères suscitent l'intérêt passionné de messieurs très dignes. Ainsi les stars de la piste sont-elles souvent les vedettes d'un demi-monde. Les coulisses du Cirque olympique reflètent bien cette ambiance étrange où les jambes de l'écuyère ont souvent plus d'importance que son talent.

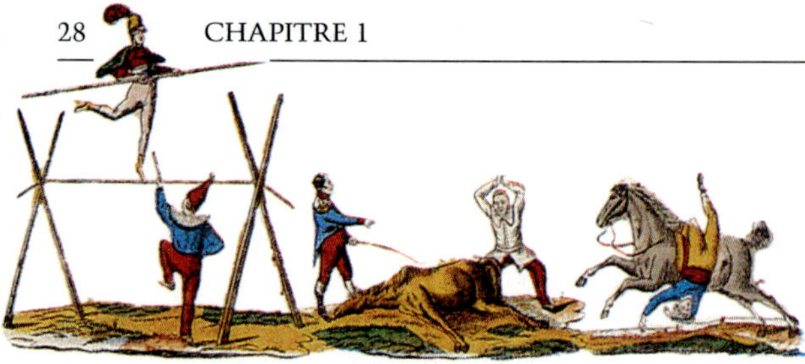

De nombreux exercices composent les programmes des Franconi : voltige, dressage... La petite histoire dit que ce sont les épouses de Henri et de Laurent qui auraient créé le numéro classique de l'écuyère à panneau (en bas, à gauche). Une lourde selle plate, le panneau, sert de support pour que l'écuyère exécute une série de figures : équilibres, sauts de cravache ou passage au travers d'un cerceau en papier.

du cirque moderne s'y éteint le 20 octobre 1814. Son fils ne tient pas ses promesses d'écuyer et préfère se tourner vers l'écriture. Il produit des pantomimes, utilisant les extraordinaires possibilités des machineries théâtrales mais il délaisse les « scènes dans le cercle ». Il meurt le 19 octobre 1821, dans la même maison que son père, sans laisser de descendance.

Des Italiens à Paris : genèse d'un cirque français

Le 14 avril 1791, un prospectus annonce que monsieur Franconi, écuyer, avec ses enfants, ses élèves et trente chevaux commencera ses exercices le 14 de ce mois à six heures précises, dans l'amphithéâtre de monsieur Astley, rue du Faubourg-du-Temple. Brillant élève de son père, Henri présentera pour la première fois sur une piste une série d'exercices de haute école.

Antonio Franconi assure la continuité du spectacle en produisant des exercices équestres et acrobatiques et devient le fondateur du cirque français. Gentilhomme vénitien, exilé à la suite d'un duel, Franconi s'installe en France où il décide de tenter la chance en s'essayant à plusieurs métiers. Soigneur dans une ménagerie, il dresse un jeune lion, mais lui préfère finalement un groupe de canaris qu'il promène également à l'étranger, en Espagne notamment. Il monte à l'occasion des combats de taureaux, puis revient à Paris en 1783, chez Astley, pour présenter ses oiseaux. Court séjour, en fait, puisqu'il crée son propre cirque à Lyon quelques mois plus tard. Il va être à l'origine d'une extraordinaire dynastie d'écuyers et de directeurs prestigieux. Antonio Franconi et ses deux fils – Henri et Laurent – ont bien compris la leçon d'Astley et respectent la

« tradition » toute neuve. Malgré de multiples déménagements dans la capitale française, le succès les suit avec constance, c'est sous leur règne qu'apparaît pour la première fois à Paris le mot « cirque » au fronton d'un établissement : le Cirque olympique ouvre ses portes en 1807. Plusieurs faillites se succèdent, entrecoupées de spectacles somptueux. En 1836, le fondateur de la dynastie, presque centenaire, disparaît et ses obsèques, à défaut d'être nationales, rassemblent le Tout-Paris.

Dejean et la naissance du cirque d'Hiver

À l'issue de la dernière faillite, un certain Dejean, propriétaire du terrain, reprend l'affaire en maintenant à ses côtés Adolphe Franconi, le fils de Laurent. Dejean s'inscrit bientôt dans une lignée de grands directeurs du cirque français et donne une impulsion nouvelle au spectacle. Il crée le cirque d'Été sur les Champs-Élysées et favorise la construction du cirque Napoléon, inauguré en 1852 par Napoléon III pour sa première sortie publique.

Gaëtano Ciniselli, né à Milan en 1815, remarquable écuyer, travailla notamment pour Guerra, autre écuyer célèbre. Il prit la direction en 1875 du cirque stable de Saint-Pétersbourg – ci-dessous – où il présenta de somptueux spectacles.

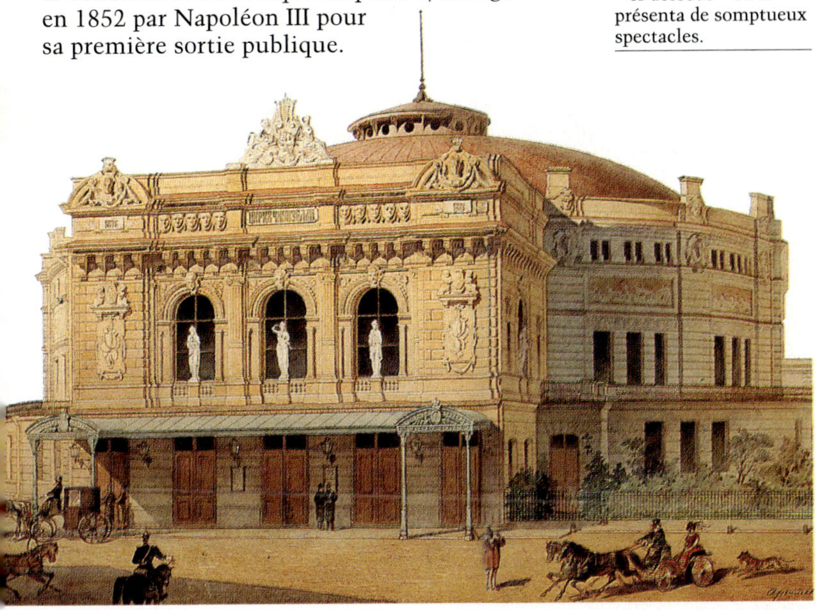

Le bâtiment, magnifique, est un nouvel écrin pour présenter des spectacles de haute tenue. Dernier cirque stable de la capitale, il est devenu le Cirque d'Hiver, où la tradition se maintient de façon épisodique jusqu'à nos jours.

Franconi et Dejean sont des figures de proue; en même temps, et après eux, le cirque français, par l'intermédiaire de familles devenues célèbres impose un style et se forge une identité. Rancy, Grüss, et plus près de nous Bouglione et Amar sont les héritiers et les successeurs d'un spectacle devenu classique.

Correspondances internationales : de la Russie aux Amériques

Épuisé par sa rivalité avec Astley, Hugues a préféré abdiquer. Il s'embarque pour la Russie où, fort de son expérience, il implante le cirque et devient, selon la légende, un favori de la Grande Catherine. D'autres après lui s'intéresseront à cet immense empire. Tourniaire, Soullier, Hinné, Ciniselli et Salamonsky seront autant de jalons extérieurs d'une histoire du cirque russe.

À l'image du ballet, inspiré par les Français et les Scandinaves, le cirque y subira de nombreuses influences étrangères, avant de se constituer une identité. Au tournant du siècle, deux artistes russes, Nikitine et Beketov, créeront leurs propres cirques et inaugureront la tradition russe. Un des écuyers de Hughes, John Bill Ricketts, riche de son

Tom Pouce, de son vrai nom Charles Straton, est sans doute la plus grande vedette inventée par Barnum.

seul métier et de son ambition, s'embarque à son tour, pour le Nouveau Monde, où il fonde le cirque américain. Son succès est fulgurant. Il devient rapidement un favori du général Washington. Éternelle répétition d'une histoire déjà jouée en Europe. Bien sûr, d'autres écuyers l'ont précédé dans le Nouveau Monde, mais il joue un rôle semblable à celui d'Astley : il rassemble et cristallise autour de sa personnalité les éléments nécessaires pour produire un spectacle.

Divergences de taille : Barnum invente le cirque américain

Les Américains redécouvrent la tente. Mais surtout, c'est un imprésario génial, converti au cirque sur la fin de sa carrière, qui va caractériser l'apport de l'Amérique. Phineas Taylor Barnum est

Les Anglais seront les premiers à comprendre le pouvoir d'évocation des parades de rue. L'impact publicitaire des chars dorés sera porté à son paroxysme aux États-Unis, où certains cirques organiseront une parade de plusieurs centaines de mètres. En 1903, Ringling déboursa, dans une belle preuve d'impartialité, 1 500 dollars pour un char à la gloire de l'Angleterre et autant pour un char dédié aux États-Unis.

certainement un homme de spectacle mais il se révèle avant tout un extraordinaire publicitaire.

Suprêmement doué pour créer l'événement, il impose au monde entier ses « trouvailles » : Joyce Heth – respectable esclave baptisée « nourrice du général Washington » et âgée, pour l'occasion, de cent soixante-huit ans –, une sirène des îles Fidji, Tom Pouce – nain futé transformé en général et favori de la reine Victoria –, Jenny Lind – cantatrice suédoise devenue rossignol et ange de l'Amérique, engagée sur simple réputation – gagneront successivement les suffrages et le cœur des foules. En 1881, Barnum instaure les sacro-saintes trois pistes bouleversant le concept traditionnel en l'affadissant d'une certaine manière. La mise en valeur de l'artiste, le charme désuet donné par l'intimité des cirques stables européens, tout

Outre celle du cirque, Barnum aura embrassé toutes les carrières : vendeur d'onguents, directeur d'un musée fabuleux – abritant un théâtre, des baleines vivantes et une reconstitution des chutes du Niagara ! –, prédicateur, industriel, horloger, et actionnaire d'une ville, Bridgeport (Connecticut).

cela est écarté au profit de foules colorées, envahissant au coup de sifflet l'espace immense et donnant au « show », un rythme neuf.

Clowns muets, acrobates, fauves, chevaux et éléphants en troupes se partagent la vedette de ces tourbillons violents, conduits au cœur des villes par des trains spéciaux qui relèguent les roulottes traditionnelles au rang d'antiquités. Magnifié par une mise en piste surmultipliée, valorisé par de somptueux costumes, le spectacle sous le label « cirque américain » acquiert une personnalité nouvelle.

À partir de 1881, s'engouffrant dans la voie tracée par Barnum et ses associés, les directeurs de cirques américains adoptent avec un bel ensemble le système des trois pistes (ci-dessous) et développent le principe de gigantesques tentes qui tiennent à la fois du cirque et de l'hippodrome. Sous un même chapiteau et sur trois pistes de treize mètres juxtaposées se déroulent trois numéros quasi identiques, offrant ainsi une extraordinaire succession de prouesses entrecoupées de parades à thèmes qui mobilisent l'ensemble de la troupe. Inspirées par l'Antiquité romaine et quelques-unes de ses références, les courses de chars participent à l'impression de folie organisée.

Philip Astley a permis d'affirmer un genre et d'en proposer une codification. Clowns et trapézistes sont nés du cirque, rejoignant ainsi la longue filiation des amuseurs issus de l'Antiquité et du Moyen Âge. Ils s'intègrent au spectacle du cirque au point d'en devenir les premiers symboles.

CHAPITRE 2

DES HOMMES…

“Le samedi 7 février 1920, nos deux amis étaient au cirque Medrano. D'excellents clowns (les Fratellini) attiraient le public des théâtres. Le spectacle était commencé. Paul, moins attentif aux entrées des clowns qu'à celle des spectateurs, cherchait des visages de connaissance. Soudain, il sursauta.”

Raymond Radiguet, *Le Bal du comte d'Orgel*, 1924

Support naturel des voltigeurs, le cheval se prête à toutes les variations. Müller (à gauche) développe ses équilibres sur un cheval immobile. En revanche, trois ou quatre chevaux sont une base mouvante pour des pyramides compliquées réalisées par les membres de grandes troupes familiales : les Caroli ou les Cristiani ont bâti leur réputation sur ce type de présentation créant des « échafaudages humains » élaborés sur des chevaux en mouvement.

À l'origine de la disposition circulaire, le cheval est la première vedette du cirque

Aux XVIe et XVIIe siècles, les numéros équestres sont rares ; les saltimbanques qui parcourent les campagnes n'ont souvent pas les moyens de s'offrir des chevaux, et les déplacements continuels sont un obstacle insurmontable pour un dressage éventuel. On note malgré tout quelques exceptions : en 1588, à Prague, un prospectus annonce un écuyer debout sur un cheval au galop ; en 1647, à Nuremberg, un certain Müller présente un numéro de voltige.

La paix relative entre les nations laisse bon nombre de professeurs d'équitation militaire sans travail, et les plus inventifs d'entre eux vont se reconvertir dans l'acrobatie équestre. Avec la fin

des guerres de l'Empire britannique, les voyageurs parviennent à acheter à bas prix de nombreux chevaux de l'armée, soudain démobilisés et devenus inutiles. Les animaux sont déjà dressés et habitués aux parades et fanfares militaires. Des acrobates au tapis montent sur les chevaux et deviennent voltigeurs : l'équitation spectaculaire est née. Au XVIIIe siècle, un public naturellement concerné, passionné par les écoles de Vienne et de Saumur, se regroupe autour d'un cercle pour apprécier et applaudir les écuyers audacieux.

Écuyers et écuyères

Conçu par des gens de cheval pour séduire – aussi – des gens de cheval, le cirque équestre est dès l'origine une discipline aristocratique. Phénomène social et spectacle à part entière, il se doit de se démocratiser : les chevaux restent; les aristocrates, par la force des choses, se sont un peu effacés. Il semblait naturel alors de créer une autre forme d'aristocratie, interne au cirque, personnifiée par les écuyers.

La vogue de certains d'entre eux fut extraordinaire. Contemporain, employé, puis rival d'Astley à qui il rachètera son cirque, Andrew Ducrow est né en 1793. Fils d'un hercule capable de supporter une plate-forme chargée de dix-huit grenadiers en armes, il est l'image type d'un « enfant de cirque » surentraîné, rompu à la danse et à la voltige. Il donne chez Astley, à Londres, un numéro

Créé en 1880 par un passionné d'art équestre, élève de Franconi, le cirque Molier, du nom de son propriétaire, était un cirque d'amateurs dans le meilleur sens du terme. Pendant plus d'un demi-siècle, l'aristocratie participa au gala annuel donné rue de Bénouville dans l'hôtel particulier d'Ernest Molier. Barons, marquis et princes endossaient alors la livrée de la barrière ou celle de l'écuyer. Blanche Allarty (ci-dessus), épouse d'Ernest Molier, fut une remarquable écuyère qui excellait dans plusieurs spécialités. Aussi à l'aise sur un panneau que dans des exercices de haute école, elle présenta même un numéro de dromadaires dressés !

équestre de son invention : « La Garde-Robe volante », exercice comique au cours duquel l'écuyer, vêtu en clochard, debout – non sans mal – sur le cheval au galop, se déshabille en ôtant une succession interminable de gilets colorés. Cette exhibition est le prélude à une tournée triomphale qui le conduit en Hollande, en Suisse et en Belgique. Partout, le public l'acclame ; son portrait se vend dans les rues. À Lyon, des femmes entrent subrepticement dans sa chambre et l'emplissent de fleurs.

«Le Courrier de Saint-Pétersbourg»

Rentré en Angleterre, il prend la direction, en 1824, de l'amphithéâtre Astley. Le cirque anglais connaît son premier âge d'or. Ducrow invente « Le Courrier de Saint-Pétersbourg », prouesse équestre qui consiste, pour l'écuyer, à se dresser sur deux chevaux en s'efforçant de les maintenir suffisamment éloignés l'un de l'autre pour permettre le passage entre ses jambes d'autres chevaux lancés au galop, sur le dos

« Le Courrier de Saint-Pétersbourg » est un exercice difficile qui a longtemps été réservé aux hommes en raison de l'extrême tension musculaire, infligée par les chevaux lancés au galop. Émilien Bouglione, Fredy Knie ou Patrick Grüss ont régulièrement illustré la prouesse et en ont assuré la permanence. En revanche, le renouveau a été imposé, récemment, par des femmes, Martine Grüss et Marie-Josée Knie qui ont repris le numéro.

desquels il attrape les rênes pour constituer finalement un attelage. Le nom de l'exercice vient de la présence de petits drapeaux placés sur chacun des chevaux, indiquant les pays traversés au fur et à mesure du voyage pour Saint-Pétersbourg. Francisé, le numéro devient « Le Postillon de Longjumeau », « La Fuite du Pacha » ou plus simplement « La Poste ».

Ducrow est une véritable vedette, qui fait souvent inscrire sur les affiches le nom de ses chevaux en plus gros caractères que le sien.

En 1841, le feu détruit entièrement l'amphithéâtre et le choc est tel que Ducrow sombre dans la folie. Il meurt un an plus tard, à quarante-huit ans. Avec sa disparition s'achève une époque faste, mais son talent aura suscité de nombreuses vocations.

François Baucher est une autre figure exemplaire de l'art équestre même s'il évolue dans un registre différent. Il publie plusieurs traités destinés à renouveler les principes du dressage académique; et c'est pour passer de la théorie à la pratique qu'il débute sur la piste du cirque des Champs-Élysées en 1841. Écuyer de haute école, il impose un style neuf. À ses détracteurs qui lui reprochent de paraître en piste et de gâcher son talent, il réplique : « Molière et Shakespeare avaient eux aussi la bassesse de jouer eux-mêmes leurs pièces en public. »

La vogue des écuyères date de la même époque : Antoinette Lejars, surnommée « la Taglioni du cirque » par Balzac et statufiée par Pradier; Caroline Loyo, qui dresse ses chevaux par la force; Pauline Cuzent; Émilie Loisset, enfin, dont la

À l'instar des autres animaux, le cheval peut lui aussi subir un dressage pour des saynètes élaborées autour du quotidien : le dîner, le coucher, etc. En groupe, il devient une cavalerie et la présentation prend le nom de « liberté ». Six, douze, vingt-quatre – et même plus – chevaux évoluent sur la piste en exécutant des figures imposées et plus ou moins compliquées : valses, arabesques, passages, cabrades se succèdent sous la conduite rigoureuse d'un dresseur central armé de la traditionnelle chambrière. La disparition du cheval en tant qu'animal du quotidien et les frais représentés par l'entretien d'une cavalerie importante ont quelque peu entraîné la raréfaction des grands carrousels équestres.

devise « Reine ne puis, Princesse ne daigne, Loisset suis », ne laisse guère planer de doute sur sa modestie et qui connut une fin tragique, écrasée par son cheval au cours d'une répétition au Cirque d'Hiver.

Le plus célèbre des clowns acrobates est sans aucun doute Jean-Baptiste Auriol, sorte de lutin léger qui réussit au-delà de toute espérance des prouesses insensées : « plus léger que le vent », il franchit d'un bond et sans effort apparent vingt-quatre grenadiers en armes ou encore retombe dans ses chaussons après avoir tourné un saut périlleux !

Du cheval à la sciure : le premier clown

Si le cirque est à l'origine un spectacle équestre, on relève, dans la suite d'exercices proposés par Astley, au moins une parodie exécutée par un cavalier qui s'emploie à faire rire par sa gaucherie et ses maladresses à cheval. Peut-être est-ce la première manifestation clownesque dans le cercle : expression du rire par la volonté d'un artiste. Pour le désigner, on emploie le fameux vocable anglais, dérivé de *clod* (« paysan », « balourd »). Astley importe en France le « claune », avec Billy Saunders, écuyer comique et dresseur de chiens qui restera célèbre pour son « Voulez-vous jouer avec môa ? »

Descendu de son cheval, le clown va – enfin – s'essayer à toutes les disciplines. Acrobate d'abord, il utilise son corps pour séduire et faire rire. Certains multiplient les cabrioles avant de s'adjuger des partenaires muets. Ânes, cochons, oies et chiens vont peupler les pistes, présentés ou invités par un clown en mal d'humour. En 1844, Dan Rice, clown américain disert, devisait avec son cochon Lord Byron ; plus près de nous, les Russes, avec Dourov, héritier d'une tradition familiale qui remonte aux tsars, se font une spécialité de ce style de présentation, modifiant quelque peu le propos, emplissant la piste d'une foule de petits animaux qu'ils transforment en acteurs d'une parodie sociale. Le chien contrôleur, l'oie garde-barrière et l'ourson débonnaire illustrent ainsi par le talent du clown les aventures et mésaventures du peuple.

Solitaire par nécessité – l'ordonnance sur la liberté des spectacles qui permet d'échanger des répliques entre plusieurs personnages n'intervient qu'en 1864 –, le clown des débuts soliloque et monologue.

L'autorisation légale d'un partenaire entraîne rapidement la création de duos, de trios et de saynètes plus élaborées.

Comment est né l'«auguste»?

Les avis divergent : de la chute à Berlin, en 1865, d'un garçon de piste éméché aux hésitations d'un nommé Auguste qui, revêtu d'un frac trop vaste, inspire à un directeur avisé une parodie acrobatique, les sources sont multiples. Néanmoins, une certitude demeure : le phénomène se généralise dans la seconde moitié du XIXe siècle. Le clown, appellation simplifiée et générique d'un personnage maquillé en blanc, est inspiré en cela par la tradition des enfarinés

Sorti en 1930 avec la première promotion de l'École de l'Art du cirque de Moscou, l'auguste Karandash (affiche ci-contre) est rapidement devenu l'une des grandes vedettes des cirques de l'Union soviétique. Hors des sentiers tracés par les clowns occidentaux, il impose un nouveau modèle d'auguste, plus proche du public, et compose un personnage à la fois naïf et rusé. Solitaire, il travaille parfois avec un ou plusieurs partenaires, mais il leur préfère la compagnie d'un petit chien ou d'un âne. Ce dernier est parfois affublé, pour l'une de ses entrées, d'un guidon et de deux pédales à la place des étriers... De petite taille, vêtu simplement d'un complet noir, il popularise, par sa silhouette identifiable entre toutes, un nouveau genre de comique et contribue ainsi au développement d'une véritable école d'augustes soviétiques. Après lui, Viatkine, Nicouline, Enguibarov, Popov, Nicolaev, Marchevski assureront une filiation intime et dynamique en dégageant définitivement l'auguste d'une quelconque supériorité du clown.

du Pont-Neuf. Ce premier maquillage sera repris et réinventé au fil des siècles par une succession d'amuseurs, dont Joseph Grimaldi qui en fera un symbole au début du XIXe siècle : maquillé en blanc, il annonce irrésistiblement le clown moderne. Avec ce nouveau partenaire, le clown abandonne son rôle de victime désignée et s'enveloppe de costumes pailletés de plus en plus somptueux et lourds. En regard de tant de magnificence, l'auguste cultive son aspect dépenaillé, et sa singularité lui vient de la démesure de ses chaussures ou de l'extravagance de son manteau.

Le duo est constitué : l'autorité du clown blanc partage la piste avec l'auguste, en liberté surveillée. Tout devient possible grâce à ce dernier, il peut pleuvoir de la crème ou des coups. L'anarchie joyeuse tente de s'épanouir à l'ombre de la batte du clown blanc. Le couple officialisé, le décor planté, le reste est question d'imagination.

Joseph Grimaldi (ci-dessus), fils d'un maître de ballet qui introduisit la *commedia dell'arte* en Angleterre, débuta à l'âge de trois ans sur la scène du Sadler's Wells, ancêtre anglais du théâtre de variétés. Il partageait l'affiche avec Billy Saunders qui deviendra le premier clown d'Astley. En 1806, il connaît un premier succès dans une pièce de Charles Dibdin, ex-associé de Hughes, le rival d'Astley. Grimaldi ne fréquenta que de très loin la piste, mais son maquillage et sa silhouette sont restés les symboles du clown anglais.

Le miroir brisé

Puisant leurs ressources dans les faiblesses humaines (gourmandise, peur, crédulité, jalousie), les clowns inventent l'« entrée » à partir d'un canevas, souvent simplissime. Celle du miroir brisé est justement célèbre. L'auguste brise un grand miroir que l'on vient d'offrir au clown.

Celui-ci, ignorant la faute, arrive en piste, et, bien entendu, se regarde dans le miroir. L'auguste n'a d'autre choix que de mimer les gestes du clown. Sa supercherie n'est démasquée que lors d'un échange de verres d'eau lancés de part et d'autre du cadre. Les entrées constituent un répertoire commun plus ou moins codifié où chacun puise et innove suivant ses envies ou ses possibilités.

La déformation du rire européen et l'avènement du clown parleur

Les premiers clowns américains débarquèrent tout naturellement de la lointaine Europe, important avec eux les traditions de l'Ancien Monde. La célèbre parodie équestre, « La Fuite du tailleur sur

Suisse, clown et star, Grock, né en 1880, est une figure importante du cirque moderne. Après s'être essayé au duo, il fut convaincu de la nécessité de travailler seul pour devenir une vedette. Grock monta son numéro avec une précision d'horloger dans les effets comiques. Soutenu par un très discret faire-valoir en frac, l'auguste occupait toute la seconde partie d'un programme classique de cirque. Attiré très vite par le music-hall et ses cachets, il délaisse un peu le cirque et se produit sur toutes les grandes scènes du monde, avant de créer son « cirque idéal », avec une piste tournante, destinée à mettre en valeur toutes les facettes de son talent.

la route de Brentford », fut jouée dès 1775, lors d'une exhibition de l'écuyer Jacob Bates à New York. Mais c'est avec John Durang que l'Amérique affirme son originalité. Conjuguant des dons certains d'écuyer et ses qualités de clown, il a ouvert la voie à tous les clowns dont la multiplicité des talents sera la caractéristique principale. Le clown devient un personnage clé des spectacles du Nouveau Monde. Dans un pays qui cherche désespérément son identité culturelle, il représente une forme d'esprit totalement différente des traditions théâtrales héritées de la vieille Europe et de l'Angleterre en particulier. Il accède rapidement à un statut de vedette toute-puissante capable d'assurer la fortune du cirque où il travaille. Ou son infortune. Dan Rice fut un spécialiste des interprétations loufoques d'Hamlet et d'Othello; artiste de génie, capable d'improviser une chanson en public, il gagnait, à l'apogée de sa carrière, la somme – exorbitante pour l'époque – de mille dollars par semaine.

La gloire de ces clowns parleurs et chantants fut cependant de courte durée. Lorsqu'en 1880 Phineas Taylor Barnum frappe les trois coups du cirque à trois pistes, il signe par la même occasion l'arrêt de mort de ce type de comique.

Le clown parleur, jeté dans une arène trop vaste pour qu'on l'entende, redevient muet

Pour faire face aux nouvelles contraintes imposées par l'espace, il faut amplifier démesurément, transformer, créer des maquillages outranciers et surtout multiplier (encore) les effectifs; toujours plus de clowns, pour toujours plus de gags. Une certaine façon de mourir.

Malgré la difficulté de se faire une place sous le soleil des projecteurs, les clowns, ex-vedettes, vont se jeter dans la bataille de l'identité. Certains ne feront que grossir les rangs de masques hilares inconnus; d'autres, au contraire, vont émerger du lot, à la force de leur talent. Comique d'accessoires délirants ou comique corporel, le moyen importe peu; seul le talent est capable de l'emporter sur l'immensité anonyme des arènes.

La perception américaine impose un rythme aux entrées et sorties clownesques. Les rappels du public, habituels en Europe, n'ont aucune importance; la troupe des clowns se trouve en coulisse, dans la *clown-alley*, prête à bondir en piste pour pallier le moindre incident de parcours de la représentation. Il ne s'agit pas de faire dans la finesse et la subtilité, mais de provoquer les rires, vite et bien. Avec un maximum d'effets visuels, seulement visuels.

À l'origine, le rôle du clown était d'amuser entre deux numéros violents ou dangereux. En prenant de l'importance, les clowns ont donné une connotation nouvelle au spectacle. Véritables liens entre l'enfance et le cirque, ils sont peut-être les responsables d'une certaine image réductrice du cirque devenu spectacle pour enfants.

Quand le vagabond devient clown

L'uniformité des augustes outrageusement fardés l'emporte sur une quelconque singularité visuelle. Néanmoins, transition ou affirmation d'un caractère, un type nouveau va apparaître et régner sans partage sur les pistes américaines. Le *tramp* ou *hobo* est né

avec la guerre de Sécession; clochard ou vagabond que l'on croisait fréquemment sur les routes des États enfin Unis, il symbolisait alors la souffrance du peuple. Au cirque, il erre tristement, vêtu de guenilles, affublé d'un gros nez, drôle ou pathétique; il se promène autour des pistes pendant tout le spectacle, faisant rire ou sourire, suscitant tendresse ou moqueries.

En 1929, la crise économique actualisa brutalement le personnage du *hobo*, mis en piste par Emmet Kelly, image vivante du vagabond désabusé, indifférent aux fastes qui l'entourent. Allant de travée en travée en grignotant des croûtons de pain et des trognons de chou qu'il adorait, il s'arrêtait de temps en temps pour dévisager tendrement une jeune femme, jusqu'à détourner de la piste l'attention des spectateurs, qui n'avaient plus d'yeux que pour son visage grimaçant.

Si Léotard (portrait à gauche) inventa le trapèze volant, d'autres l'avaient précédé dans l'art du trapèze simple ou fixe. Un Américain, H. R. Washington, enrichit encore la prestation en alourdissant la barre du trapèze, et en ajoutant des poids aux extrémités afin de donner une plus grande stabilité aux équilibres. Le trapèze Washington devient une spécialité et se démarque ainsi du trapèze fixe et du trapèze volant.

Du gymnase au cirque : Léotard, le premier trapéziste volant

Le cirque apparaît souvent comme un catalyseur d'inventions; des exercices simples sont transcendés par des artistes passionnés pour qui le « toujours plus fort » n'est pas un vain mot. Jongleurs, acrobates, équilibristes semblent faire reculer comme à plaisir les limites du possible ou du simplement humain. Fasciné depuis toujours par le vol des oiseaux, c'est au cirque que l'homme apporte une première solution : en 1859, un Toulousain audacieux invente le trapèze volant.

Léotard, le fameux gymnaste qui a donné son nom au maillot traditionnel des « volants », installe pour la première fois au monde et dans le cadre désormais historique du Cirque d'Hiver ses agrès : trois trapèzes en ligne, montés au-dessus d'un étroit plancher recouvert de matelas protecteurs. En dépit de sa simplicité, le numéro de Léotard déchaîne l'enthousiasme et suscite de nombreuses vocations.

L'innovation française va être reprise aux quatre coins du globe et rapidement développée : d'un travail d'abord exécuté en solitaire vont naître des troupes. La « curiosité » acrobatique des débuts devient un élément essentiel d'un programme de cirque et les trapézistes volants des vedettes à part entière. Les Codonas par exemple, considérés comme des artistes hors classe, subjuguèrent, dans les années vingt, tous les publics, autant par leurs prouesses – Alfredo Codona tournant régulièrement le triple saut périlleux – que par leur style éblouissant.

Le trapèze est devenu un travail de troupe et cela permet une combinaison d'évolutions sans rapport avec les simples passages de Léotard. Une troupe est constituée d'un ou de plusieurs porteurs et de voltigeurs, hommes ou femmes, qui multiplient passages et sauts périlleux. On tourne régulièrement le triple saut périlleux et certains ont à leur répertoire le quadruple saut avec un pourcentage de réussite qui avoisine les 90 %. On peut imaginer que, dans l'anonymat des gymnases, d'autres tentent le quintuple !

NOUMA-HAWA
la première dompteuse
du monde.

Spectacle équestre à l'origine, mêlé d'exercices acrobatiques et clownesques, le cirque stimule le goût de l'extraordinaire et de l'exotique; il incite très vite les directeurs, avides de sensations, à rechercher des attractions nouvelles et fructueuses. Ce sont les fauves et les animaux lointains qui vont faire les frais de la conquête d'un nouveau public.

CHAPITRE 3

... ET DES BÊTES

Si l'affiche ci-contre présente Nouma-Hawa comme la première dompteuse du monde, la vérité oblige à reconnaître que cette artiste exotique (native d'Asnières!) fut précédée par Madame Leprince, première femme à entrer dans une cage en 1839. La fascination des spectateurs devant une dompteuse au milieu de ses fauves suscita de nombreuses vocations : Helen Chapman, Claire Heliot, Tilly Bébé devinrent successivement reine, lady ou petite fiancée des lions.

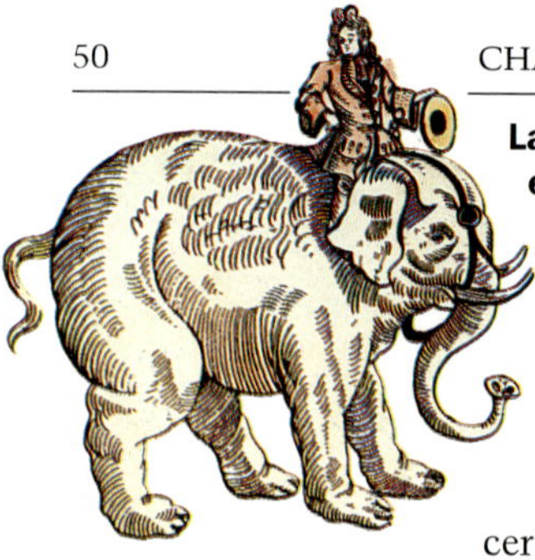

La ménagerie et ses apports exotiques

Autant pour le plaisir des yeux que par intérêt scientifique, les cours d'Europe entretiennent des ménageries plus ou moins somptueuses dont certaines se transforment en sociétés zoologiques ou en dépendances des musées d'histoire naturelle. Les savants trouvent là l'occasion d'étudier des exemplaires exotiques rarissimes. Grâce à ce genre de collections, le tigre réapparaît en Europe au XVe siècle à la cour de Ferrare.

Ces ménageries stables assurent une exhibition permanente et trouvent une sorte d'aboutissement dans les grands établissements itinérants dont la vocation est d'apporter à domicile leur cargaison de fauves et de frayeurs. Au XIXe siècle, la ménagerie, en pleine gloire, devient progressivement la part essentielle du succès d'un cirque; elle représente la bouffée d'oxygène qui régénère un spectacle à bout de souffle à force de restrictions. Purement équestre et acrobatique à ses débuts, le cirque se transforme en spectacle exotique, grâce à la présence d'animaux étranges ou féroces. La découverte de toujours plus d'espèces rares, expédiées des quatre coins du monde et distribuées en parts égales à la science et

L'Occident avait, depuis longtemps, oublié les éléphants d'Hannibal, lorsque l'empereur Charlemagne se fera envoyer par le calife Harûn-al-Rashid de Bagdad un éléphant et des singes. Plus près de nous, en 1827, Mehemet Ali Pacha, vice-roi d'Égypte, offrit à la France une jeune girafe, premier spécimen exposé à la curiosité des citoyens. Transportée par bateau jusqu'à Marseille, elle fit « à pied » le chemin jusqu'à Paris. Escortée par le savant Geoffroy Saint-Hilaire, elle souleva l'enthousiasme sur son passage, occasionnant une « mode à la girafe » (tissus, objets), et ravit Charles X qui à son arrivée dans la capitale lui offrit des pétales de rose.

Cette visite au rhinocéros, peinte par Longhi au XVIIIe siècle, sera reconstituée par le cinéaste Luigi Comencini pour une scène de son *Casanova*.

au spectacle, excite la curiosité du public et contribue au succès des dompteurs.

Quand un épicier s'intéresse aux boas

Le principe de la ménagerie itinérante se développe dans toute l'Europe et jusqu'aux États-Unis. L'Angleterre – encore une fois – fait figure de précurseur : la ménagerie Atkins, par exemple, voyageait déjà au XVIIIe siècle. À la fin du XIXe siècle, le cirque s'empare définitivement de la ménagerie, qui disparaît dans son acception première et devient « cirque-ménagerie ». Appellation bâtarde qui a le mérite de ne rien dissimuler : l'animal sauvage, auréolé de prestige, thème publicitaire et source de profits, fait désormais partie intégrante du spectacle. Les procédés de dressage vont évoluer et se raffiner jusqu'à supplanter les numéros traditionnels.

Ce sont les présentations équestres qui en souffrent le plus : chevaux et écuyers se trouvent en effet relégués au second plan; les fauves, les éléphants et les clowns deviennent les véritables symboles du cirque.

George Wombwell, forain anglais, né en 1777, va donner une impulsion extraordinaire à ce type de spectacle. Épicier de son état, il achète en 1804 deux boas qu'il installe

On trouve toutes les composantes de la ménagerie sur cette image, et même au fond, à gauche l'esquisse d'une billetterie.

dans son arrière-boutique où ses clients peuvent les admirer moyennant quelques piécettes. La balance du commerce penche très vite en faveur des reptiles et l'épicier se reconvertit en montreur d'animaux. Il achète voitures, chevaux et pensionnaires, puis se lance sur les routes.

Dix ans plus tard, soixante chevaux tirent quatorze voitures dont l'une abrite un éléphant. De nombreux établissements de ce type investissent bientôt les champs de foire, et de longues files de voitures bâchées ou closes par des volets sillonnent les campagnes d'Angleterre, de France ou d'Allemagne.

Certaines ménageries sont à l'origine de la création de cirques importants

Au début du XXe siècle, Krone, célébrissime enseigne allemande, se prévalut de sa ménagerie pour accéder au rang de cirque, et devint une entreprise phare en

La concurrence entre certaines ménageries est rude et la publicité parfois mensongère. Ainsi, un rival de Barnum faisant remarquer à celui-ci que le babouin qu'il expose comme un orang-outang ne peut pas en être un puisqu'il est doté d'une queue, le génial Américain n'hésite pas alors à afficher « le seul orang-outang né avec une queue ! »

Europe.
Ses directeurs successifs ne renièrent jamais sa vocation première, et sa ménagerie comptait en 1934 plus de huit cents animaux de toutes espèces.

En France, à la fin du siècle dernier, Bidel, Pezon sont synonymes de ménageries foraines célèbres mais qui ne sont jamais devenues des cirques. L'évolution et l'annexion leur furent fatales, ainsi qu'une certaine désaffection du public, gagné à la cause du cirque-ménagerie.

Les premiers dompteurs modernes

Ces établissements forains se devaient de susciter des vocations : l'attrait des cages était irrésistible et les dompteurs modernes apparaissent au début

Outre les classiques lions, tigres, ours ou singes, les rangées de cages abritent quelquefois des spécimens rarissimes. Le bonimenteur ci-contre retient l'attention des enfants en leur présentant un paresseux. Animal fragile et difficile à acclimater, il est encore très rare de nos jours d'en rencontrer dans un parc zoologique.

Hagenbeck au service de l'Histoire ! En 1905, le gouvernement allemand, pour réprimer une insurrection en Afrique du Sud-Ouest, commande à la firme deux mille dromadaires qui seront livrés en quelques mois !

du XIXe siècle. Martin en France, Van Amburgh en Amérique ou Carter en Angleterre sont les premiers héros d'une longue lignée de belluaires dont le succès ne s'est jamais vraiment altéré. Dans les grandes ménageries, le dompteur passe de cage en cage et le public suit ; une variante tardive consiste en une cage plus vaste encadrée de deux files de voitures-cages. Les animaux partent de la file de gauche, entrent dans la cage-théâtre pour effectuer leur numéro, et regagnent une voiture de la file de droite. Pour les séances successives, il suffit à chaque fois d'inverser l'ordre du programme. Ce procédé, généralisé dans toutes les ménageries, devait s'effacer progressivement devant une petite révolution en matière de présentation.

La révolution d'Hagenbeck

En 1848, dans un faubourg du port de Hambourg, des marins livrent à Gottfried Clas Carl Hagenbeck, en plus de l'habituelle cargaison de poissons, six phoques, malencontreusement pris dans leurs filets. Le poissonnier, curieux, se prend au jeu et décide d'exhiber les phoques dans deux grandes cuves, moyennant un modeste droit d'entrée.

Il est loin d'imaginer qu'il invente là un commerce extraordinaire qui va s'étendre à la terre entière. En 1852, il se procure un ours blanc adulte qui a encore plus de succès que les phoques ! Viennent des hyènes, des singes, quelques perroquets.

Un commerce se met progressivement en place, pris en main par le fils du fondateur, Carl. Ce dernier achète régulièrement aux marins de passage des animaux nouveaux, et engage aussi des capteurs qui quadrillent le monde sous le pavillon de Hagenbeck et expédient des colonnes serrées de fauves destinés aux grands parcs zoologiques d'Europe, alors en plein essor. Ces établissements sont d'excellents clients, avides d'animaux rares et difficiles à conserver.

Hagenbeck lance aussi la vogue des exhibitions ethniques : Kalmouks, Cingalais, Lapons, Somalis prennent le relais des fauves, et ses caravanes familiales et bariolées partent sur les routes, participant un peu partout en Europe à de gigantesques foires-expositions. Les grands cirques allemands – Sarrasani, Krone et Hagenbeck, bien sûr – ajoutent régulièrement ces troupes exotiques à leurs programmes, conférant ainsi une nouvelle dimension au spectacle de cirque. L'« aspect pédagogique » devient un élément essentiel de la réussite.

On trouve dans les souvenirs d'Hagenbeck cette anecdote savoureuse. Un jeune officier allemand, égaré en Patagonie, est attaqué par des Indiens. Il s'apprête à défendre sa vie lorsque leur chef stupéfait arrête sa monture et, désignant son uniforme, s'écrie : « Toi capitano vapore Hagenbeck ? » Sans bien comprendre, l'officier acquiesce et devient sur-le-champ un hôte de marque. En effet, ce chef indien avait fait partie d'une exhibition Hagenbeck et confondait l'uniforme avec celui des marins serviables qui l'avaient ramené.

Le dressage en douceur

Le succès grandissant des présentations incite Hagenbeck à fonder un cirque ambulant pour occuper ses animaux et ses troupes entre les expositions. C'est en créant ce cirque qu'il met au point son idée de dressage par la douceur. Tranchant résolument sur les habitudes en vigueur qui associent plutôt barres de fer rougies au feu et colliers étrangleurs, il fonde sa méthode sur l'observation rigoureuse de la psychologie des bêtes. Un pionnier de l'éthologie en quelque sorte.

Il pratique une forme de sélection naturelle, écartant les sujets vraiment difficiles; à cet effet, il se procure en 1887 une vingtaine de lions, les observe soigneusement, et en retient quatre. Avec ses lauréats, il met au point un exercice sensationnel et présente des fauves attelés à un char romain. Il invente aussi la cage centrale, constituée de panneaux de grilles amovibles épousant le contour de la piste. Reliée à la voiture-cage par un tunnel également grillagé, elle permet la présentation de groupes importants. Hagenbeck battra d'ailleurs un record en exhibant soixante-dix

La tunique légère du dompteur et la taille exagérée des fauves renforcent l'impression de violence liée à cette exhibition. Dans le même esprit, l'Américain Van Amburgh ne reniait pas l'impact du sensationnel lorsqu'il trempait son bras nu dans du sang fumant avant de l'introduire dans la gueule d'un lion.

Le déchargement des trains spéciaux du cirque Ringling Bros and Barnum & Bailey. Le troupeau d'éléphants est particulièrement impressionnant. On comprend que ce soit l'orgueil et le premier argument publicitaire du cirque.

ours polaires – mais dans une cage élargie pour la circonstance. En revanche, vers 1935, Clyde Beatty s'enferme bien dans une cage réglementaire en compagnie de quarante fauves. Cette innovation condamne toute autre forme de présentation.
La ménagerie foraine découvre son plus redoutable adversaire : la cage centrale, adaptée aux exigences du cirque. La multiplication des fauves généralise le principe de groupe : l'animal solitaire devient rare sur la piste et plusieurs espèces vont apporter leur contribution au nouveau phénomène. Lions, tigres et ours polaires emplissent les cages centrales tandis que pistes et hippodromes accueillent de plus en plus d'exemplaires d'un partenaire imposant et docile, l'éléphant.

«Les éléphants et les clowns sont les patères auxquelles on accroche les cirques» (Barnum)

Lorsqu'en 1815 Hackaliah Bailey exhibe son éléphant, Old Bet, il ne se doute certainement pas de l'impact que l'animal va avoir sur les spectateurs américains, ni des conséquences que cela va entraîner. Depuis, les éléphants sont devenus les animaux favoris du public tant sur les pistes que dans la ménagerie. L'éléphant est une composante indispensable à l'équilibre d'un spectacle de cirque américain. Inévitablement, lorsque le cirque arrive dans une ville, la foule qui se presse sur les quais de la gare attend avec impatience que les lourds wagons délivrent leur trésor. Un murmure d'approbation parcourt l'assistance au fur et à mesure

L'intelligence vive et, dans certains cas, une mémoire sans faille prédisposent les éléphants à un dressage élaboré, qui met en valeur leurs qualités physiques. Le final habituel et spectaculaire d'un numéro est *the big mount* (« la grande montagne »), où chaque éléphant dressé sur ses pattes de derrière s'appuie sur le dos de celui qui le précède. Les éléphants sont toujours populaires aux États-Unis et Ringling possède depuis quelques années une ferme d'élevage où il entretient une cinquantaine de bêtes, indépendamment de la trentaine qui travaillent dans ses deux cirques. Chaque année, une ou plusieurs naissances viennent couronner les soins vigilants prodigués au troupeau. C'est la plus importante banque génétique éléphantine hors d'Asie, mais c'est surtout la garantie d'avoir à tout moment des bêtes disponibles sans avoir à puiser dans la nature pour renouveler les effectifs.

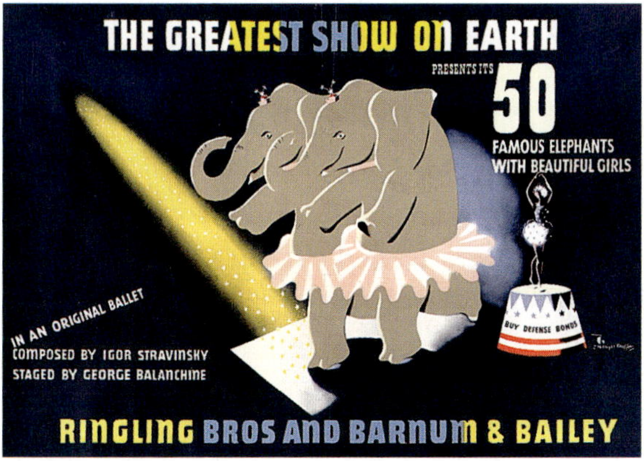

que les éléphants débarquent; les gens les comptent! En fait, on évalue l'importance d'un cirque au nombre d'éléphants qu'il transporte avec lui. Le record inégalé (et inégalable) est atteint au printemps 1887 lorsque Barnum et Forepaugh associent leurs troupeaux, au Madison Square Garden, présentant ainsi soixante pachydermes! Ringling en aura plus de cinquante pour ses deux dernières tournées sous chapiteau en 1955 et 1956. Toutefois, ces chiffres restent des exceptions, les groupes les plus importants rassemblant en fait rarement plus de trente bêtes.

En 1942, John Ringling North, convaincu qu'il fallait mettre l'accent sur la mise en scène, ou plus exactement la mise en piste, décida d'innover totalement, de bouleverser la présentation ultra-classique du troupeau d'éléphants et d'en faire une attraction vedette. Il imagina un ballet classique, « dansé » par cinquante ballerines et autant d'éléphants.

Jumbo super-star

Les éléphants américains, déjà vedettes en groupe, ont aussi un panthéon propre à l'espèce : le plus célèbre de ses membres est sans aucun doute Jumbo, dont le nom est resté synonyme de gigantisme. En 1865, le zoo de Londres échangea son rhinocéros indien contre un éléphant africain au jardin des

Les éléphants sont les animaux à tout faire du cirque. À l'arrivée, ils aident au déchargement et au montage du chapiteau. Ils sont une des attractions majeures de la ménagerie, et ils participent à la parade s'il y en a une. Très souvent, il leur arrive d'effectuer leur numéro deux fois par jour, avant d'aider au démontage du chapiteau. Le terme de *bulls* désigne aux États-Unis les éléphants quel que soit leur sexe. En fait, la présence de mâles est rarissime.
Les grands *tuskers* (« porteurs de défense ») ont pratiquement tous connu une fin tragique. J. A. Bailey faisait abattre un animal au moindre signe d'irascibilité.
Les cornacs vivent vingt-quatre heures sur vingt-quatre en compagnie de leurs bêtes et prennent soin d'elles avec un dévouement qui frise la manie. Ils dorment à quelques mètres d'elles, partagent leur nourriture et, dans certains cas, leurs précieuses rations de whisky. Pour les cornacs, l'anonymat du cirque et l'amitié des éléphants sont bien souvent un refuge contre tout ce qu'ils ont pu fuir : casier judiciaire, foyer brisé.

Plantes de Paris ; dix-sept ans plus tard, ce paisible animal deviendra l'enjeu d'une querelle nationale. En dix-sept ans, donc, Jumbo grandit jusqu'à atteindre la taille respectable de 3,35 mètres ; record resté inégalé pour un éléphant en captivité !

En 1882, Barnum propose la somme de dix mille dollars pour l'achat de l'animal dont le caractère ne s'est pas adouci avec l'âge. Le superintendant de Regent's Park hésite, puis accepte la vente. Ce geste inconsidéré, mais irrémédiable, va soulever un tollé dans la presse anglaise ; les journalistes se déchaînent contre Barnum, ravivant ainsi le mythe de l'odieux Yankee. L'opinion publique s'émeut puis se mobilise ; des milliers d'enfants écrivent à Barnum. La reine Victoria et le prince de Galles, qui s'est promené, enfant, sur le dos de Jumbo, prennent

Après avoir essayé en vain d'acheter la maison natale de Shakespeare pour la démonter et l'exposer dans son musée américain, Barnum prit une revanche éclatante en privant les Londoniens d'un symbole vivant de leur enfance.

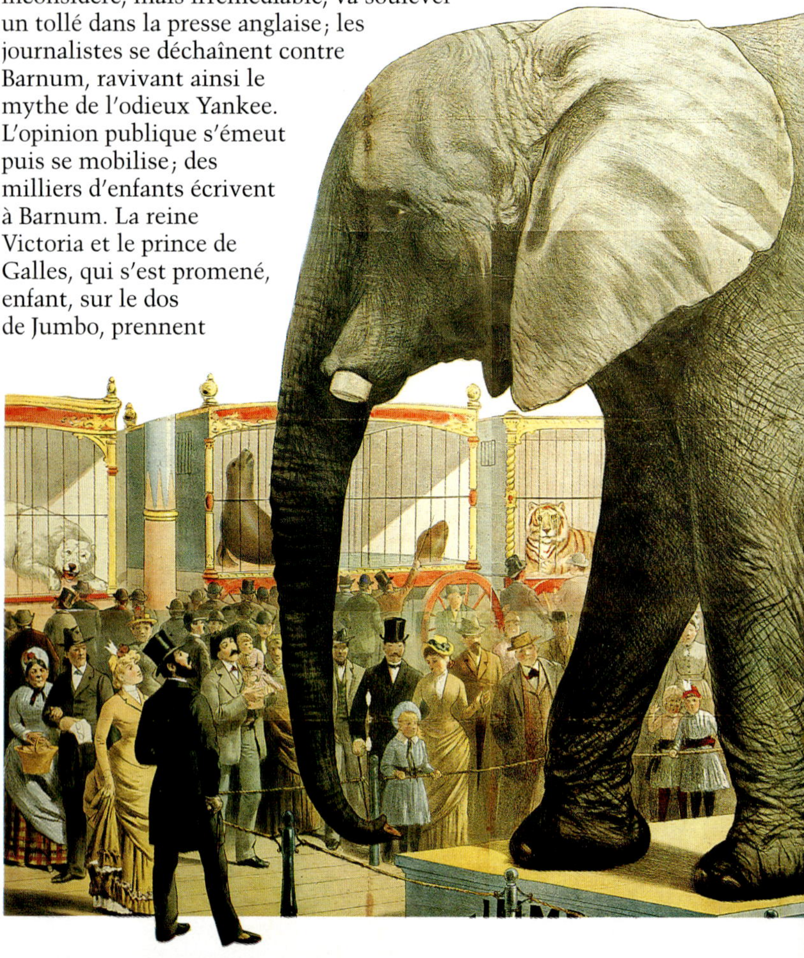

également position et demandent l'annulation de la vente. En vain. Le 9 avril 1882, après des difficultés sans nom, Jumbo devient américain. Il fait son entrée dans le port de New York à bord de l'*Assyrian Monarch* ; la foule massée sur les quais a parfaitement répondu à la savante campagne de presse orchestrée par Barnum. Tandis qu'une nation se désole de perdre un éléphant, une autre, qui a suivi passionnément les péripéties de la vente, fait un triomphe à la nouvelle merveille importée par le génial imprésario. Jumbo devient la grande attraction de la ménagerie, présenté à côté d'un « éléphant lilliputien », Tom Pouce,

Bridgeport, 26 décembre 1885, lettre confidentielle de Barnum au professeur Henry A. Ward, chargé de la reconstitution de Jumbo : « Nous pensons qu'il sera absolument impossible de préparer convenablement le squelette en moins d'un an ou deux. En bourrant la peau, on pourrait faire la dépouille considérablement plus grande que nature. De toute façon, faites que l'animal paraisse aussi grand que possible. Qu'il ait l'air d'une montagne. » Malheureusement, quelques années plus tard, Jumbo mourra une deuxième fois dans l'incendie qui ravagea le musée Barnum.

pour accentuer encore le contraste. Le triomphe dure jusqu'au soir du 15 septembre 1885 où, pendant le chargement du cirque, Jumbo est heurté par une locomotive; il meurt presque instantanément et Barnum s'empresse de communiquer à la presse que Jumbo est mort « héroïquement », en se sacrifiant pour sauver Tom Pouce. Auréolé d'une gloire nouvelle, le courageux animal entre ainsi dans la légende dorée du cirque américain.

On peut tout présenter ou presque

« Les animaux sont au cirque ce que l'assaisonnement est à la salade », *dixit* Fred Bradna, directeur équestre du cirque Ringling. De fait, les collections d'animaux des grands cirques au début du siècle sont impressionnantes : on trouve à peu près tout dans les voitures-cages, et certaines ménageries ambulantes peuvent rivaliser avec n'importe quel zoo classique, tant sur la rareté des spécimens présentés que sur leur condition physique souvent irréprochable. Ainsi, Ringling présenta plusieurs saisons de suite un tamanoir, un éléphant de mer et un gnou à queue blanche, spécimens peu courants dans les parcs zoologiques.

Aux États-Unis, les animaux sont montrés dans de somptueuses roulottes, chargées de sculptures, plus décoratives que fonctionnelles, mais l'apparence compte plus que le confort des

animaux. On construit pour un hippopotame une roulotte-piscine ; un éléphant de mer, Goliath, fut l'atout des saisons 1928 et 1929 du cirque Ringling. Espèce plus rare, les girafes voyagent dans des voitures spécialement aménagées et bénéficient d'un parc démontable qui élargit leur espace vital.

Gargantua

Présenté comme la plus grande « star » animale depuis Jumbo, le gorille Gargantua devait faire son entrée sur le voyage pour la saison 1938 du cirque

Amateurs de sang frais et d'émotions fortes se retrouvent parfois autour d'une loupe géante pour contempler des attelages de puces déguisées ou s'extasier sur le bras nu du dompteur abandonné à la voracité des insectes. Cette prouesse de dressage demeure malgré tout une attraction essentiellement foraine.

Ringling. Capturé en Afrique, il fut confié à des missionnaires qui, incapables de le convertir, préférèrent le vendre au capitaine Arthur Philips qui rentrait en Amérique. Quand le bateau arriva à Boston, un marin licencié se vengea en lançant un verre d'acide sur le singe. L'animal fut défiguré et acquit une sauvagerie et une haine des hommes qui ne devaient aller qu'en s'accentuant.

Adulte, Gargantua pesait presque trois cents kilos, son faciès déformé en un rictus connu de toute l'Amérique lui conféra la vedette sur l'ensemble de la ménagerie pendant plus de dix ans.

La rareté du gorille dans la nature et les difficultés de sa capture et de son acclimatation en font une attraction de choix dans une ménagerie. Peu de cirques ont réussi le tour de force de maintenir en captivité cet animal mythique. Jacky chez Bouglione, Zazie au cirque Jean Richard sont restés des exceptions. Le cirque Knie en possédait lui aussi un couple.

Exhibé dans une lourde voiture blindée, doublée de parois vitrées et climatisée (la température y était maintenue en permanence à dix-huit degrés et la ventilation constamment contrôlée), il avait un gardien qui vivait presque à demeure avec lui, dans un compartiment attenant à la cage. Il faillit d'ailleurs le tuer ainsi que John Ringling North, qu'il attrapa à travers les barreaux et qui ne dut son salut qu'à la veste qu'il abandonna au gorille ! Animal irascible, d'une force à toute épreuve, il était sujet à des colères terribles durant lesquelles le personnel du cirque se demandait toujours avec angoisse – et peut-être curiosité ? – si la cage allait résister. Il tomba malade en 1949, et Henderson, vétérinaire du cirque, ne put qu'assister à l'agonie du grand singe – victime de sa férocité ; « il mourut dans la nuit, comme il semble que ce soit de règle chez les animaux. Il avait vingt-deux ans, ce qui est un âge respectable pour un gorille ».

Les spectacles d'animaux sont un attrait majeur du cirque. Et pourtant, les pays scandinaves ont voté, en 1959, une loi interdisant la présentation d'animaux rares ou protégés. Exit donc les fauves, les singes, les rhinocéros, les hippopotames, les phoques, les rapaces et autres kangourous. Cette décision amorce peut-être l'esquisse d'une solution dans le débat difficile qui divise les sensibilités et prend l'allure d'un problème éthique. Le cirque traditionnel ne conçoit pas un spectacle sans lions ou éléphants. Le fragile équilibre d'un spectacle en dépend-il vraiment ? Force est de reconnaître que le cirque ne se porte pas mal en Suède ou en Norvège et que la qualité des spectacles n'est pas vraiment remise en cause par l'absence de chimpanzés costumés.

La fin des ménageries

Aujourd'hui, la ménagerie n'existe presque plus en Amérique. Les derniers grands cirques transportent les animaux qui travaillent en piste, mais ne possèdent plus de bêtes inactives. Les conditions de captivité se sont détériorées. La lourde cage dorée a quitté le voyage pour les musées, remplacée parfois par des sabots de transport où le fauve peut à peine se retourner.

En Occident, présenter des animaux dressés demeure à la fois une tradition profondément ancrée, mais également un étrange anachronisme qui colle à l'image du cirque comme une seconde peau. Une évolution, motivée par l'émergence d'un cirque différent, travaillant avec succès sans animaux, semble pourtant inévitable.

The Barnum & Bailey

Les animaux dénaturés

Exhibés dans une cage dorée ou dressés sur la piste, nos frères inférieurs, en s'humanisant quotidiennement par la grâce d'une baguette ou d'une friandise, se sont longtemps soumis à d'étranges exigences. Le dressage moderne, avec notamment des dresseurs comme Louis Knie, s'est orienté vers une complicité très différente de l'ancienne servitude et tous ses efforts ont visé à rendre à l'animal un peu de sa noblesse naturelle.

CIRQUE LAMY
LE PLUS COMPLET DES CIRQUES
EST TRANSPORTE DE VILLE A VILLE PAR SON MATERIEL MODERNE
A.M.

Dispersés, toujours en route, baladins et troubadours mènent une vie d'errance. Troupes et artistes s'exporteront d'autant plus facilement que le spectacle est d'abord visuel et se passe de commentaires. Les échanges entre Ancien et Nouveau Monde sont presque contemporains de la naissance du cirque et deviendront rapidement réguliers.

CHAPITRE 4

UN SPECTACLE EN VOYAGE

Au début du siècle, si les Américains et les Allemands n'hésitent pas à franchir les océans, les Français ne sont pas en reste. Les Bouglione tentent la conquête de l'Amérique du Sud en 1954, et les frères Amar se rendent fréquemment en Afrique du Nord dans les années trente. Plus près de nous, Alexis Grüss fait régulièrement des tournées à Venise, Munich, Berlin et Stockholm.

Dans un souci permanent de transporter le public dans un monde féerique, Sarrasani demanda à un architecte de construire une gigantesque façade orientale pour son établissement ambulant.

Les premiers cirques étaient stables. Mais le public permanent impose une variété et un renouvellement constants des programmes : il faut attirer sans cesse les mêmes spectateurs avec des numéros chaque fois différents. Le jeu devient vite épuisant et le changement de public s'opère plus facilement que le changement d'artistes. La tournée permet également d'engager ces derniers pour une période plus longue et de rentabiliser au mieux performances et contrats. De nouvelles exigences apparaissent, et principalement la nécessité d'une salle particulière et autonome. Le cirque – au contraire du théâtre qui trouve ses repères plus simplement – est contraint de transporter le lieu même du spectacle. Les nombreux cirques stables construits un peu partout dans la foulée de ceux d'Astley sont abandonnés et souvent réexploités par des troupes de passage, posant en quelque sorte les jalons d'un « voyage timide ». La tente, ou structure de toile, va très vite devenir indispensable et contribuer à l'épanouissement d'une nouvelle image de marque ; grâce au chapiteau, le cirque renoue avec le voyage.

La naissance du «tenting»

Astley, dès 1773, semble avoir utilisé un tour de toile pour cerner son lieu d'exhibition, et c'est lui qui organise la première véritable manifestation complète sous une toile, en 1788, à Liverpool, y donnant une série de représentations dans ce qu'il appelle la « tente royale ». La nouveauté reste malgré tout sans suite et il faudra attendre les Américains au début du XIXe siècle pour que le principe prenne toute sa signification. On accorde la paternité de l'invention aux frères Howes qui, associés à Aaron Turner dans les années 1820-1830, abritent leur spectacle sous une « toiture complètement en toile ». L'origine exacte, en dehors de la tentative d'Astley, demeure néanmoins obscure. La tente est alors aux États-Unis un mode d'hébergement familier. Les pionniers les moins fortunés voyagent avec une petite tente, les autres dans des chariots bâchés; et lorsqu'une ville se crée, c'est d'abord une cité de toile.

Très tôt, le simple « parapluie » (une petite toile ronde avec un poteau central) va évoluer. En 1850, Spaulding invente les *quater-poles*, espars qui soutiennent la toile entre le tour et les mâts principaux.

Le montage du chapiteau

En devenant ambulant, le cirque, au-delà du voyage, s'impose de nouvelles contraintes. Chaque jour ou presque, il faut remonter la salle et la rendre en tous

“Avec cet argent et les quelques économies qu'ils avaient pu faire, mon père racheta un petit cirque ambulant qui faisait halte chaque soir dans les bourgades perdues de l'immense Russie. Qu'on imagine cette troupe déguenillée poussant les charrettes sur les routes détrempées, à la boue épaisse, ou sous la bise aiguë de l'hiver. Le bon public russe ne boudait pas les représentations; on s'y pressait même en foule.”

Albert Fratellini

points identique à celle de la veille. Seul le décor extérieur a changé. L'aspect immuable du cercle entouré de gradins, de la gardine de velours rouge et de la façade colorée n'est rendu possible que par la permanence des équipes de monteurs. Au début du siècle en Europe, on engage des Tchèques – rapidement internationalisés en « Tchecos » – pour constituer la main-d'œuvre de base. Épisode essentiellement soumis aux aléas du temps, il arrive que le montage se passe dans des conditions difficiles, notamment en cas d'intempéries. Henderson, vétérinaire de Ringling, évoque les périodes ou « chaque étape est marquée d'une route de boue de la gare au train. Les hommes rangent les wagons à la place qui leur est assignée, alors que la boue atteint le moyeu des roues. Ils commencent aussitôt à enfoncer les piquets dans cette mer de vase, sans se décourager ». C'est une course contre la montre. Il faut être prêt pour la matinée.

La littérature et la peinture du XIXe siècle consacrent le romantisme du cirque et en donnent une vision souvent irréaliste. La poésie de la toile entourée des antiques verdines – les roulottes peintes en vert – ou les drames de la route sont autant d'images fortes, banalisées par la gravure ou l'image d'Épinal, comme ce cheval mort, pleuré par les saltimbanques.

L'invitation au voyage

La vie du voyage exige la certitude d'un toit à chaque étape. La roulotte et, plus tard, en Europe, la caravane, rangée de façon immuable à l'ombre du chapiteau, répondent à ce besoin et permettent de recréer un univers quotidien. Paul Eipper décrit ainsi la roulotte du cirque Hagenbeck dans les années 1930 : « Une voiture de déménagement bariolée de couleurs diverses et percée sur ses côtés longs de fenêtres à jalousie. Une petite échelle, à l'avant, permet de monter sur une sorte de plate-forme arrangée à peu près comme une véranda. De là on pénètre dans la voiture elle-même, longue de quatre, de six, ou même de huit mètres, suivant les ressources de son propriétaire. La table est à la fois table, commode et armoire à linge, les chaises peuvent se replier, tous les meubles doivent être fixés aux cloisons et capables de supporter sans mésaventures les cahots du transport par grande route, les manœuvres de chemin de fer et les roulis des paquebots. »

Prélude au montage : « Un écuyer en uniforme accourt et sort un clou de fer au bout duquel flotte un ruban de soie. L'homme enfonce ce clou dans le sol. C'est une action solennelle, comparable à la pose d'une première pierre. Déjà une corde est fixée au clou de fer et on lui fait décrire une circonférence : la piste » (P. Eipper, 1941).

Itinéraires et organisation

À l'origine soumis aux hasards du voyage et aux dates des foires, l'itinéraire d'une troupe ou d'un cirque est devenu un élément fondamental.

C'est sur cet élément que repose l'élaboration et l'équilibre d'une tournée. La simple autorisation tacite d'occuper un champ en bordure de la route ne suffit plus. Lorsqu'il s'agit de transporter une ville entière, une foule de détails sont à prendre en compte : Ringling Bros and Barnum & Bailey, avec près de mille cinq cents employés, ne pouvait s'autoriser la moindre marge d'improvisation. Même si toutes les entreprises ne sont pas d'une taille aussi importante, animaux, artistes et matériel peuvent aussi avoir des exigences inattendues. Sarrasani,

Les Romains utilisaient déjà des placards de marbre ou des jetons gravés pour annoncer les jeux du cirque. La seconde moitié du XIXe siècle voit apparaître sur les murs les premières grandes affiches en plusieurs feuilles, abondamment illustrées, éclatantes, de couleurs. Argument publicitaire type, trois semaines avant l'arrivée du cirque, des milliers d'affiches enluminent les cités choisies (en 1910, Ringling en collait environ 10 000 par jour). À la fin du XIXe siècle, face à une demande grandissante – et renouvelée –, certains imprimeurs se spécialisent dans la conception et l'édition des affiches de cirque.

par exemple, faisait tirer les voitures-cages de ses ours blancs par une voiture-pompe équipée d'une lance d'incendie; au moment des grandes chaleurs, et durant les étapes trop longues, il faisait arroser les ours chaque heure, tout au long du parcours.

L'importance de l'itinéraire pour la réussite d'une saison entraîne fatalement quelques débordements, qui se transforment parfois en querelles spectaculaires. Occupation des villes un jour ou deux avant le concurrent, campagne de presse plus ou moins diffamatoire en constituent les péripéties les plus communes. Pinder et Bouglione, par exemple, se sont livré en 1947 une guerre sévère, entretenue par la mort suspecte de plusieurs tigres du cirque Pinder.

La guerre des cirques est commune à tous les pays. Les Américains notamment se sont accrochés, parfois sévèrement, pour une suprématie jamais atteinte. Barnum et Forepaugh s'insultèrent ainsi par affiches interposées au sujet d'un éléphant blanc, objet de toutes les convoitises. En matière de publicité, l'homme clé d'un cirque en voyage est l'avant-courrier; précis et efficace, il précède le cirque dans les villes sélectionnées et s'occupe de toutes les fournitures nécessaires. Il prépare aussi le terrain en alimentant la presse locale de communiqués flatteurs et en supervisant l'affichage. La réussite dans le monde du cirque est liée à la conjonction

Ils emploient de nombreux dessinateurs, souvent restés anonymes, et proposent au public d'immenses surfaces colorées où chaque détail est perceptible. L'affiche est alors faite pour être appréciée, détaillée et pas seulement entrevue. Friedlandler en Allemagne, Strobridge et Courier aux États-Unis, Levy en France sont devenus pour les collectionneurs des labels de qualité. En France, Jules Chéret, au début du siècle, Gustave Soury et Antonin Magne, un peu plus tard, se partagent la vedette. Les lions et les tigres dessinés par Soury étaient fréquemment reconnus par leur dompteur!

de trois éléments absolument indissociables : le matériel publicitaire, la parade et la représentation. L'ordre des préférences est révélateur : la première impression – souvent la bonne – est celle produite par l'impact des affiches.

De l'importance de la parade

Du simple roulement de tambour aux fastueuses successions de chars dorés, la parade se décline en une multitude de formes. Tambour donc, et cavaliers empanachés et rutilants vêtus de brandebourgs pour rallier suffrages et clients. Les Anglais vont raffiner le principe et développer la dorure sur fourgons : ornés de miroirs et de naïades figées dans le bois, les chariots de matériel, transcendés, deviennent chars de parade. La course à l'ornementation est désormais ouverte, et fabricants et propriétaires vont rivaliser de folies clinquantes ou somptueuses. Le véhicule devient écrin et image de marque. La publicité naissante s'appuie sur ces amoncellements de bois doré et en fait un thème pictural privilégié. Affiches et tracts rivalisent à leur tour de qualificatifs et de superlatifs pour annoncer les interminables colonnes.

Les plus grands cirques – et les Américains encore une fois seront les maîtres en la matière – élaborent des parades fabuleuses de plus d'un kilomètre de long, comportant des centaines de figurants et d'animaux ; une demi-

« Ces huit chars de la cavalcade (dans les années cinquante) étaient une initiative hardie qui coûtait 20 millions ; ils se présentaient ainsi : le char de la musique, la locomotive des clowns, le lion marin, une sirène. Suivaient, sur une plate-forme, trois magnifiques gladiateurs romains montés sur un char attelé de trois chevaux de bois sculptés dans la masse […]. Le roi des animaux – un magnifique lion – était le tracteur d'une longue voiture-cage. Enfin, il y avait le char de la reine. Plus de cent personnes prenaient part à ce défilé ; partout une foule très dense se massait tout au long du cortège pour admirer cette singulière cavalcade. »

Roger Spessardy, *Face aux fauves chez Pinder*

douzaine d'orchestres à cheval ou juchés sur des chars gigantesques diffusent une musique tonitruante propre à balayer les dernières hésitations de badauds effarés. Enrichie et étirée démesurément la parade devient une partie essentielle du spectacle qu'offre le cirque. Celui-ci commence dès le déchargement des trains spéciaux, la parade en constitue le second jalon, aussi nécessaire que la ménagerie ou la représentation, but ultime de ce déploiement de forces quotidien.

Europe-États-Unis : de la route au train

Au début des années 1830, de nombreux cirques et ménageries voyagent à travers les États, pas encore Unis, en wagons et roulottes tirés par des chevaux, plus ou moins vite, au gré des routes cahoteuses et boueuses. Le nombre des entreprises augmente rapidement en l'espace de quelques années; certaines d'entre elles atteignent déjà une taille

Berceau de nombreuses familles de cirque, l'Italie ne possède pas une tradition aussi marquée que l'Angleterre, la France ou l'Allemagne. Pépinière d'artistes, terre de passage, l'Italie associe le cirque à la fête. On n'y trouve que peu de cirques stables et les artistes préfèrent souvent le plein air à la toile.

impressionnante : une centaine de wagons tirés par quatre cents chevaux, et un personnel en conséquence.

À la même époque, le « cheval de fer » fait une apparition remarquée, et remarquable, sur le territoire américain. Les directeurs de cirque, « flairant » un moyen unique d'accroître la rentabilité de leurs établissements, trop souvent compromise par des routes douteuses ou des distances infranchissables en une journée, vont immédiatement tirer profit de l'invention nouvelle.

Pris de vertige par le désir de conquête, cernés par un territoire immense, les Américains, qui ont pourtant construit leur cirque sur un modèle européen, vont en faire un spectacle à leurs

Partenaire parfois obligé des grands voyages, le bateau est quelquefois plus qu'un simple moyen de transport. Un Américain créa le Floating Palace, somptueux cirque ambulant sur l'eau, habitué du Mississippi et du Missouri. Ce cirque géant remorquait une seconde embarcation contenant écuries et logements du personnel. La guerre de Sécession mit un terme à son exploitation en le transformant en hôpital.

dimensions. Instaurant les trois pistes en 1880, Barnum donne le ton. Il annonce une ère nouvelle et incite à la compétition, engageant une course frénétique aux mâts en ligne, aux éléphants, aux chars de parade et, un peu plus tard, aux wagons de chemins de fer. Le cirque, devenu une véritable ville, bâtie et démontée en un jour, se déplacera dorénavant par le train. Les caravanes d'habitation n'ont plus de raison d'être. Artistes et personnel voyagent dans des wagons-lits qui restent en gare à l'étape, un bus assurant la navette jusqu'au terrain; les repas se prennent à heures fixes, dans un réfectoire commun.

L'Europe, quant à elle, évolue dans ses limites. Le camion succède simplement à la roulotte d'origine; les chemins de terre font place aux routes et aux autoroutes. L'image traditionnelle du cirque – la fumée qui sort lentement des roulottes romantiques – est, pour l'essentiel, préservée.

C'est un Américain, W. C. Coup, associé de Barnum, qui développa le train aux États-Unis, en matière de cirque. C'est lui qui imagina les wagons plats (*flat cars*) pour transporter les fourgons de matériel, les wagons pour les chevaux et les éléphants (*stock cars*) et enfin les voitures pullmans (*coaches*) pour le personnel et les artistes. Il fut rapidement imité, et dès 1911, trente-deux cirques sillonnaient les États-Unis en train. Certains utilisaient plusieurs trains spéciaux. Le record sera atteint par Ringling Bros and Barnum & Bailey qui voyageait à bord de quatre trains savamment composés, le premier transportant le chapiteau et la cantine pour que le café soit prêt dès l'entrée en gare des trains suivants…

Une vie sans attaches

Il reste que le train n'est qu'un « dortoir » amélioré. L'essentiel de la vie du voyage se passe sur le terrain entre les loges, le réfectoire et le chapiteau pour les représentations. Le principe de la ville d'un jour

“Depuis longtemps le peuple de la ville avait regagné ses roulottes. Dans les grandes malles américaines, les Indiens avaient déposé leur parure de plumes. Chez les Tcherkesses, dans une odeur de friture et de papier d'Arménie, la belle du Caucase se laissait bercer au rythme enjôleur de la balalaïka. Dans la roulotte des Chinois, le mah-jhong envahissait les tables.”

Serge, 1939

neutralise toute forme d'attachement à un endroit précis mais, le cirque étant monté de façon rigoureusement semblable chaque matin, le voyage prend des allures de quotidien. Le cirque devient un immeuble horizontal où les panneaux de toile s'avèrent aussi permanents que des murs de pierres.

« Ces arrêts éclairs étaient un enchantement ; sous la costumière, les rires fusaient sans discontinuer ; entre les représentations s'écoulaient des heures merveilleuses : nous nous détendions sur des transatlantiques devant les tentes, bavardant ou écrivant des lettres. Le soir, après le spectacle, c'était l'interminable recherche d'un restaurant

ouvert et, avant le départ du train, les cent pas romantiques le long des voies éclairées par la lune. » (Connie Clausen).

Louis Soullier et les fastes de l'Orient

Si le voyage aux États-Unis est rapidement devenu synonyme de vitesse (le principe de « deux villes par jour » doit être un vieux rêve américain non réalisé), en Europe, paradoxalement, le maître mot est plutôt « toujours plus loin ». La conquête de nouveaux espaces et de nouveaux publics est une constante de l'esprit voyageur des directeurs de grands cirques du Vieux Monde.

Louis Soullier, par exemple, écuyer célèbre né en 1813, devenu directeur par la grâce – et la bonne fortune – d'un mariage, emmène sa troupe jusqu'en Turquie où le sultan du moment lui confère le titre de grand maître de ses écuries. Les fastes de l'Orient lui inspirent un style tout neuf. Il baptise son établissement « Cirque impérial », et élève son administrateur à la dignité de chancelier. Un chargé d'ambassade assure le travail d'avant-courrier, et son chapiteau prend le nom de caravansérail. En 1854, le directeur, qui arbore quotidiennement l'uniforme d'apparat des colonels turcs, embarque tout son petit monde pour la Russie, la Chine et le Japon. De retour en Occident, il ramène dans ses bagages des acrobates chinois et japonais.

Sarrasani triomphe en Amérique du Sud

Cette tradition du voyage lointain va être reprise par les Allemands, notamment Sarrasani et Hagenbeck, qui, par l'importance de leurs troupes, vont donner un relief particulier au terme de tournée. Fils de famille devenu dresseur, Hans Stosch Sarrasani crée avec sa femme un modeste chapiteau, dans la province de Saxe, en 1902. À force de ténacité et de talent, son affaire prospère, jusqu'à devenir un cirque à trois pistes à l'américaine. Mais la formule ne

La tradition acrobatique chinoise est certainement une des plus anciennes du monde. On trouve en effet des exemples de cet art séculaire sous la dynastie des Han, il y a plus de deux mille ans ; contorsionnistes, antipodistes, jongleurs, équilibristes exécutaient déjà les exercices qui font aujourd'hui la renommée du cirque chinois à travers le monde. À l'issue de la Seconde Guerre mondiale, le cirque devient véritablement une affaire d'État et se structure à l'image du cirque soviétique.

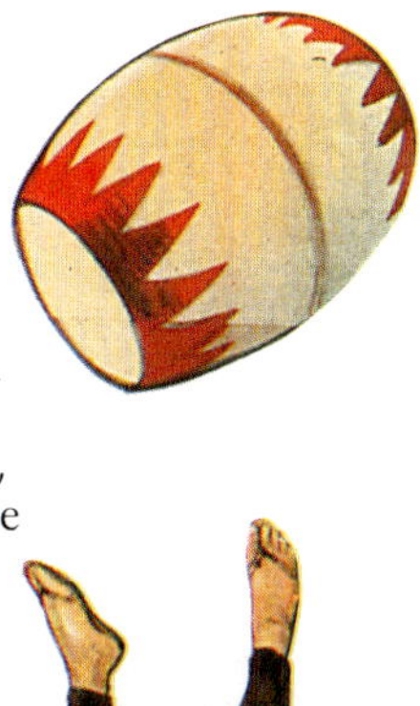

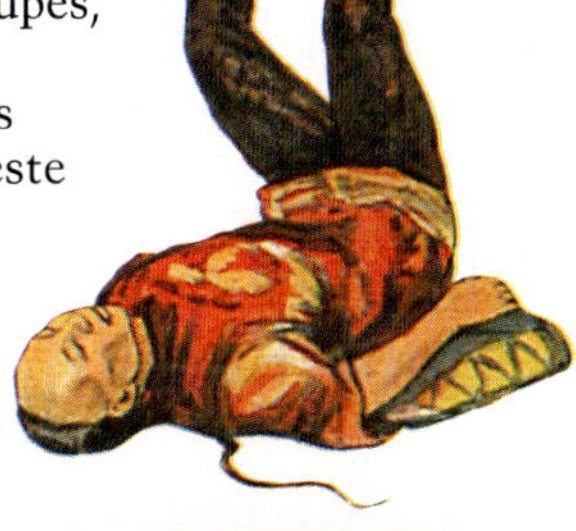

lui convient pas; il lui préfère, en 1918, un chapiteau rond avec, pour la première et la dernière fois dans l'histoire du cirque, une piste de dix-sept mètres cinquante de diamètre.

La transgression de la règle immuable est compensée par la somptuosité et la qualité des spectacles proposés; l'ensemble est rapide, rythmé par deux orchestres de cinquante musiciens, avec la participation de troupes exotiques inspirées directement d'Hagenbeck. Entouré d'une foule d'animaux et de figurants, le maharadjah présente lui-même ses dix-huit éléphants.

Les deux cent vingt véhicules du cirque frappés aux couleurs de la Saxe (vert et blanc en diagonale) voyagent par la route. La ménagerie est riche de plus de cinq cents animaux. En 1923, la troupe se rend en Amérique du Sud pour une tournée triomphale de deux ans. L'exploit est réédité en 1934, alors que la récession économique sévit en Allemagne. Ce sera le dernier voyage terrestre de Sarrasani. Il meurt à São Paulo le 22 septembre de la même année et, comme son testament l'exige, sa dépouille ne sera inhumée que lorsque le dernier de ses éléphants aura regagné son écurie à Dresde.

Hagenbeck n'a pas fini d'étonner les Japonais

La famille Hagenbeck étend rapidement sa conquête du monde sauvage à un certain nombre d'autres domaines : après le dressage en douceur, c'est la création en 1887 à Hambourg, d'un cirque traditionnel, où les animaux tiennent la vedette. Le chapiteau est emporté par un ouragan le jour de l'ouverture, mais le spectacle a lieu malgré tout. Le succès aidant, l'entreprise se voit dotée, quelques années plus tard, en 1904 exactement, d'un grand frère américain, après une vaste exposition outre-Atlantique, à la suite de laquelle il se révèle plus rentable d'occuper sur place les participants plutôt que de les rapatrier en Europe.
L'aventure dure deux ans, puis la filiale américaine est

C'est en assistant à une représentation du cirque Ciniselli en 1888 que Sarrasani a découvert sa vocation. À seize ans, il s'engage dans cette troupe en qualité de soigneur d'animaux et, deux ans plus tard, il monte son propre numéro de clown dresseur avec trois chiens, un âne et un cochon.

vendue à un entrepreneur de spectacles et baptisée « Hagenbeck Wallace Circus », avant de devenir en 1929 la propriété de John Ringling.

En 1933, sous la conduite de Lorenz, le fils de Carl, la compagnie s'embarque sur le *Saarland* à destination du Japon. Elle y importe les premières girafes et surprend l'armée japonaise par la précision de son organisation. Quotidiennement ou presque, des officiers viennent assister à des manœuvres de chargement ou de montage. D'invitations en réceptions, Hagenbeck entre en publicité : une pâte dentifrice à son nom est lancée, plaçant ainsi littéralement la firme sur toutes les langues.

Une représentation privée pour un maharadjah et son harem

Après le Japon, le cirque gagne la Chine avec un même succès. Au terme d'un périple de quelques mois, il s'embarque pour l'Inde où la loi des castes impose des contraintes inattendues. En dépit du prix égal d'un billet, un intouchable ne peut prétendre s'asseoir auprès d'un membre d'une caste

Hagenbeck, comme Sarrasani, tenta l'aventure en Amérique du Sud. Chassé de Montevideo par une épidémie, le cirque entra en Argentine. La meilleure publicité fut celle de deux mille crieurs de journaux invités aux premières représentations et qui ne tarirent pas d'éloges sur le spectacle. Les phénomènes naturels semblent s'être ligués contre cette tournée : tempête de sable, inondations et invasion de sauterelles s'abattirent sur le train en un immense nuage de quatre-vingts kilomètres de long... À la grande joie des singes qui les capturaient à travers les barreaux de leur cage.

supérieure… À Calcutta, un maharadjah loue la salle pour lui et les femmes de son harem. Le jour de la représentation, on installe un tunnel en gaze semblable à celui des fauves relié à des loges cloisonnées à l'intérieur du chapiteau. Soixante-dix hercules se placent aux principaux accès du cirque et quatorze limousines noires délivrent leur contingent de beautés voilées qui s'engouffrent dans le tunnel. Lorsque le maharadjah est installé, la représentation commence, mais 4 970 places vides créent un étrange écho à ses applaudissements solitaires. Pourtant, le numéro des clowns, mêlant chutes et jeux d'eau doit être répété trois fois, arrachant des larmes de rire à chaque passage. Détail sacrilège, les trapézistes, à l'insu de tous, seront les seuls à pouvoir jeter un œil indiscret dans la cage des femmes. Les tigres dressés ont un succès considérable dans un pays où le fauve mangeur d'hommes est une réalité.

En 1935, Hagenbeck s'embarque pour l'Amérique du Sud et effectue une tournée de 5 000 kilomètres à travers l'Argentine. Le chapiteau s'installe notamment à Salta, à la lisière de la forêt vierge, une ville qui n'avait jamais vu de cirque. La guerre met un point d'orgue brutal aux activités de la firme qui ne possède plus d'enseignes ambulantes depuis plusieurs décennies.

Dès 1889, précurseur de ces voyages lointains, c'était au tour de Barnum and Bailey de venir marquer des points sur le Vieux Continent. C'est l'Angleterre, berceau du cirque, qui la première accueille l'enseigne américaine pour une courte saison hivernale à l'Olympia de Kensington. L'expérience, fructueuse, est renouvelée en 1897 et l'Europe, stimulée par une tournée de plusieurs années cette fois, enfante son contingent de copies. Krone, Sarrasani, Gleich emboîtent le pas du gigantisme avec plus ou moins de succès ou de constance. L'Ancien Monde a ainsi retrouvé son idée originale, spectaculairement transcendée et réinventée. Avec trois pistes au lieu d'une, c'est pour les Européens une étrange manière de refermer le cercle…

Fascinés par la conquête encore si proche du *Wild West*, les Américains font un triomphe au spectacle de Buffalo Bill qui réinvente la prairie dans une enceinte de toiles. Le colonel Cody y paye de sa personne

et, vêtu de daim, vole au secours de victimes retranchées dans une diligence renversée. Au début du siècle, encouragé par son succès, il embarque sa troupe pour l'Europe, mêlant aux Sioux, qu'il importe directement du Wyoming, Bédouins, hussards et cosaques! Altesses et monarques apprécieront au Champs-de-Mars ou au Crystal Palace les exhibitions colorées et bruyantes qui, mieux qu'un livre, illustrent la conquête de l'Ouest.

NATIONAL SHOW CO. INC, OPERATORS
WALTER L. MAIN
3 RING
TRAINED WILD ANIMAL
SHOWS
HIGH WIRE
ARTISTS
INTRODUCING THE MOST DIFFICULT
AND
DANGEROUS FEATS EVER DEVISED
BY HUMAN INGENUITY.

THE ONLY AND ORIG
WONDERFUL ITALIAN EQUILI
ROMANO
LE ROI DES EQUILIBRISTES
PHÉNOMÉNAL!
SANS RIV

Marqué dès ses débuts par une forte influence militaire – dans sa musique comme dans ses costumes –, le cirque est devenu très vite une histoire de familles. Le XVIIIe et surtout le XIXe siècle marquent l'éclosion et l'épanouissement de véritables dynasties. À la suite d'Astley, toute l'Europe, rapidement colonisée, s'invente une aristocratie du voyage, riche en alliances multiples qui brouillent un peu les pistes et assurent un cousinage étonnamment étendu.

CHAPITRE 5

UNE HISTOIRE DE FAMILLES

La nouveauté des écoles s'exprime aussi dans leur façon de s'afficher. En opposition avec le modèle traditionnel des Romano, le Centre national des Arts du cirque de Châlons-en-Champagne préfère un symbolisme discret et suggère plus qu'il ne l'impose une certaine image du cirque.

Les plus anciennes familles, dont les héritiers feront le cirque moderne, se constituent au XVIIIe siècle. Apparaissent déjà sur les routes les noms de Chiarini, Renz, Price, Clarke. Les difficultés du métier resserrent les liens. Dans ce contexte, le vieil adage en vertu duquel l'union fait la force prend tout son sens.

Les Knie ou la solidarité familiale

Les Knie illustrent parfaitement cette solidarité familiale. Le fondateur – dont le père était le médecin particulier de l'impératrice Marie-Thérèse – abandonna ses études pour les beaux yeux d'une écuyère. Il la quitta néanmoins, après l'avoir conquise, pour fonder sa propre troupe. En 1807, il rencontre, enlève et épouse Antonia Stauffer, qui lui donnera cinq enfants. La dynastie est née.

Célèbre pour ses exercices de funambulisme, la troupe Knie voyage à travers l'Europe avant de se fixer en Suisse. De génération en génération, la famille s'implante plus sûrement, jusqu'à obtenir, en 1900, la nationalité helvétique. L'arène, transformée en cirque en 1919, prospère grâce à l'achat régulier d'animaux sauvages et à l'engagement de troupes exotiques en vue d'exhibitions ethniques. En 1920 et 1921 naissent respectivement Fredy et Rolf, qui à leur tour auront chacun deux fils : Fredy et Rolf junior pour le premier, Franco et Louis pour le second.

Le Cirque national suisse, qui en dépit de son enseigne ne touche aucune subvention de l'État, est une entreprise exemplaire en Europe. Le cirque, dont l'emblème (à gauche) créé par un peintre, H. Leupin, rassemble dans son concept la fantaisie et la tradition, fonctionne selon une organisation rigoureuse. L'itinéraire de la tournée est pratiquement le même chaque année et le public qui remplit le chapiteau chaque jour ne vient pas au cirque mais « chez Knie ». Ce système n'est rendu possible que par le renouvellement intégral du programme d'une saison à l'autre.

La cellule familiale continue aujourd'hui de diriger le cirque, jusque dans ses moindres détails. Les générations se succèdent à l'ombre du chapiteau et, en dépit de son importance, l'entreprise conserve son système de gestion autonome.

Les Rancy sont une des plus anciennes dynasties du cirque français. Théodore Rancy, élève de Baucher, écuyer particulier du tsar Nicolas Ier, fonda son cirque en 1856, à Rouen. C'est sa troupe qui donna des représentations lors des fêtes d'inauguration du canal de Suez. Théodore Rancy fit également construire à travers la France plus de deux cents cirques stables (le plus souvent en bois), lieux d'accueil privilégiés pour les troupes ambulantes.

Les Bouglione et les Amar installent leurs fortunes sur une solide base fraternelle

Issus de ménageries foraines, les frères Bouglione et les frères Amar, au début du siècle, investissent dans la toile et « montent des cirques ». Les deux entreprises connaîtront une évolution pratiquement semblable.

Les Bouglione assoient leur réputation – et leur fortune – sur un faux Buffalo Bill dont la splendeur effilochée séduit les provinces françaises avant de gagner la capitale. Leur cirque ne cesse désormais de grandir, présentant fauves, éléphants et chevaux. Le cirque-ménagerie s'accommode très bien de ces vocations foraines épanouies, et la célébrité des frères Bouglione repose sur les groupes de lions et de tigres de Firmin, tandis que Joseph mène les éléphants et Sampion la cavalerie. Alexandre, enfin, gère l'ensemble. En 1934, ils prennent la direction du Cirque d'Hiver et s'y installent, au fil des générations, jusqu'à nos jours.

Les frères Amar, les plus jeunes dompteurs du monde en 1909, créent leur cirque au tout début des années vingt; ils lancent véritablement leur entreprise en 1934, avec l'achat des quinze éléphants du cirque tchèque Klusdsky. Fidèles à leurs origines, ils accueillent naturellement dans leurs programmes des groupes de fauves d'exception. En dépit d'une histoire riche d'événements, le cirque Amar, par suite des décès successifs des frères directeurs, change de mains en 1968. Cinq ans plus tard, une faillite retentissante annonce la disparition d'une des plus célèbres enseignes de France.

L'histoire des frères Ringling, un véritable conte de fées

Tout commence avec le passage d'un cirque dans la petite ville américaine de Mac Gregor.

Aux temps héroïques du cirque américain, les voyageurs – et les Ringling étaient de ceux-là – devaient affronter les attaques des Indiens, les hostilités des communautés religieuses et, en cas de mauvais temps, la boue. Surnommés les *mud shows* (les « spectacles de la boue »), ces pionniers passaient beaucoup de temps à extirper les lourds véhicules prisonniers des ornières.

En remerciement d'un travail de sellerie, August Rüngeling reçoit des places gratuites pour la représentation du soir. Celle-ci enflamme l'imagination de ses enfants, Al, Otto, John, Alfred T. et Charles, jusqu'à les conduire à la création d'une troupe de « concert comique ». Les débuts sont modestes, mais la ténacité de l'équipe vient à bout des obstacles. Lorsque la famille s'installe à Baraboo dans le Wisconsin, les frères Rüngeling, devenus pour les besoins

À l'inverse des Européens, les frères Ringling, devenus directeurs, n'eurent jamais la tentation d'entrer dans la cage ou de monter au trapèze.

de la cause Ringling Bros, montent leur première véritable entreprise de spectacle.

En 1884, les frères Ringling s'associent avec Yankee Robinson, vieux *showman*, à qui l'idée d'une coopération avec cinq jeunes loups sourit assez. Le show tourne avec trois wagons, deux chevaux, une tente cousue main qui peut abriter six cents personnes bien tassées, de l'ambition et beaucoup d'optimisme. En 1885, une hyène rayée devient le premier pensionnaire de la ménagerie ; deux ans plus tard, le cirque achète deux éléphants. L'entreprise prospère rapidement, les convois

Jamais l'appellation « une cité dans la ville » n'aura été plus justifiée qu'aux États-Unis. La troupe de certains grands cirques pouvait compter jusqu'à mille cinq cents personnes et nécessitait une organisation sans faille. Au sein de la troupe, les castes étaient tranchées et les artistes, au cours des repas, ne se mêlaient

s'allongent, les tentes s'agrandissent et, en 1887, la mort de Yankee Robinson laisse le champ libre aux frères Ringling.

Ringling Bros, Barnum and Bailey sous le plus grand chapiteau du monde

De rachats en coups d'éclat, le cirque devient un des premiers d'Amérique. En 1918, l'alliance avec Barnum and Bailey – l'autre géant – est consommée et la nouvelle troupe est baptisée « Ringling Bros, Barnum and Bailey, the greatest show on Earth ». Le plus grand spectacle de la terre : quatre trains

pas aux monteurs. Cependant, les fleurs disposées chaque jour sur les tables et les serveurs empressés étaient autant d'éléments destinés à donner l'illusion d'un véritable restaurant sous la tente. Les artistes dormant dans le train, les réfectoires et les loges étaient parmi les seuls lieux de convivialité possible.

Louis Soullier a importé d'Extrême-Orient les premières troupes d'acrobates japonais et chinois. Ces traditions millénaires s'intègrent rapidement et avec succès aux spectacles traditionnels en Europe. Une troupe, souvent une famille (comme dans l'image ci-contre), est capable d'exécuter une telle variété d'exercices que leur réunion s'apparente à un véritable répertoire. Jonglage de jarres, équilibres sur bambous et sauts des cerceaux deviennent très vite des figures de style largement reprises par les acrobates occidentaux. Au Japon, les membres d'une seconde génération d'artistes restent souvent dans la même troupe et les différentes familles composent ainsi une véritable communauté.

spéciaux sont nécessaires pour transporter presque quotidiennement le monstre, familièrement appelé « The Big one » ou « The Big Bertha ».

Par la volonté farouche de cinq frères, une troupe née d'une fascination collective pour un spectacle est devenue un cirque géant dont l'enseigne, au-delà des difficultés et des nécessaires évolutions, brille toujours; bien qu'aujourd'hui la famille Ringling n'ait plus grand-chose à voir avec son exploitation. La tradition familiale existe encore, malgré l'apport massif d'« artistes hors milieu », venus des écoles, qui modifient un peu le concept ancien. Alexis Grüss, directeur d'un cirque à l'ancienne on ne peut plus familial, l'avait compris très tôt puisqu'il intégra les meilleurs élèves de l'École au Carré dans ses programmes.

La transmission du savoir et les pères d'élèves

L'acrobatie, le jonglage, le trapèze se sont développés au fil des années pour devenir symboles d'exploits sans cesse renouvelés. On tourne aujourd'hui le quadruple saut périlleux au trapèze volant; certains jonglent avec neuf, voire onze cerceaux. Quant aux danseurs de corde et aux funambules, s'ils ont quitté le plein ciel et les clochers des églises, ils n'en continuent pas moins d'accumuler les prouesses. Pour ces magiciens du fil, comme pour tous les autres, le savoir vient du fond des âges, s'accommodant des mutations et innovations, instituant ainsi une tradition exemplaire et multiple, essentiellement transmise par la famille.

L'apprentissage commence par d'inlassables répétitions matinales : pour produire un vrai numéro, but avoué de tant d'acharnement, il faut acquérir une technique parfaite et une grande sûreté de mouvement. L'entraînement est dur et ingrat, mais il est absolument nécessaire pour faire d'une série de prouesses un moment magique.

Au traditionnel système d'apprentissage familial, vient s'ajouter le « père d'élève », qui élargit le cercle de la famille. Un enfant doué apprend tout d'un maître qui n'est pas forcément un parent. La complicité est autre, mais les résultats sont tout aussi probants. Cette forme différente incite à la spécialisation : un père d'élève, artiste confirmé, enseigne mieux que quiconque sa technique personnelle.

Les longues étapes durant lesquelles on faisait répéter les enfants et les animaux pour préparer le spectacle à venir sont devenues très rares. En effet, les cirques aujourd'hui ne s'arrêtent souvent qu'un seul jour dans une ville. Souvent une seule famille compose une troupe réduite, où chacun exécute plusieurs numéros. Ces artistes sans fortune travaillent le plus souvent « en palc », avec le ciel pour chapiteau.

Les écoles ou l'autre manière d'apprendre

En 1845, Alessandro Guerra, un écuyer italien installé à Saint-Pétersbourg dans une baraque de bois, baptisée « Cirque olympique » en dépit de son

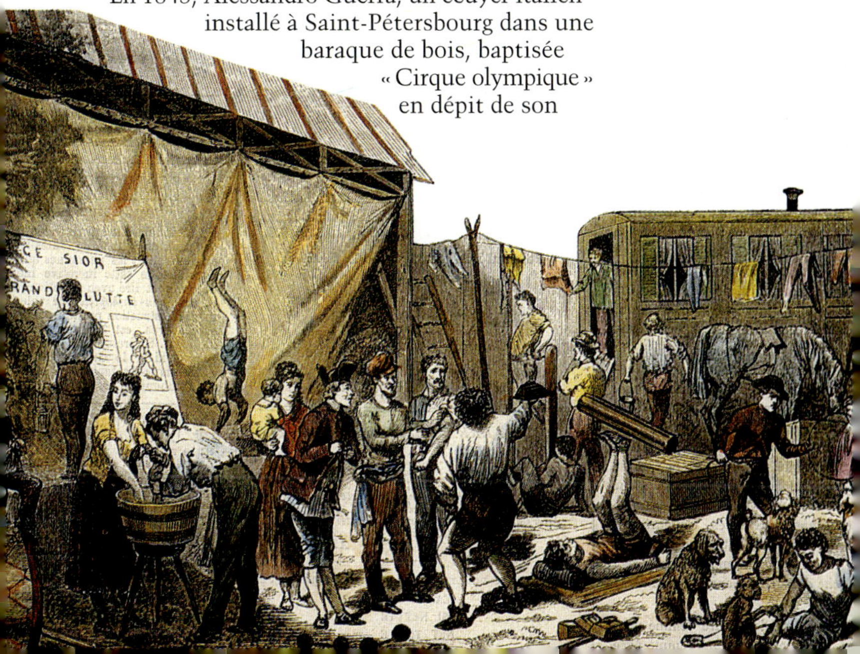

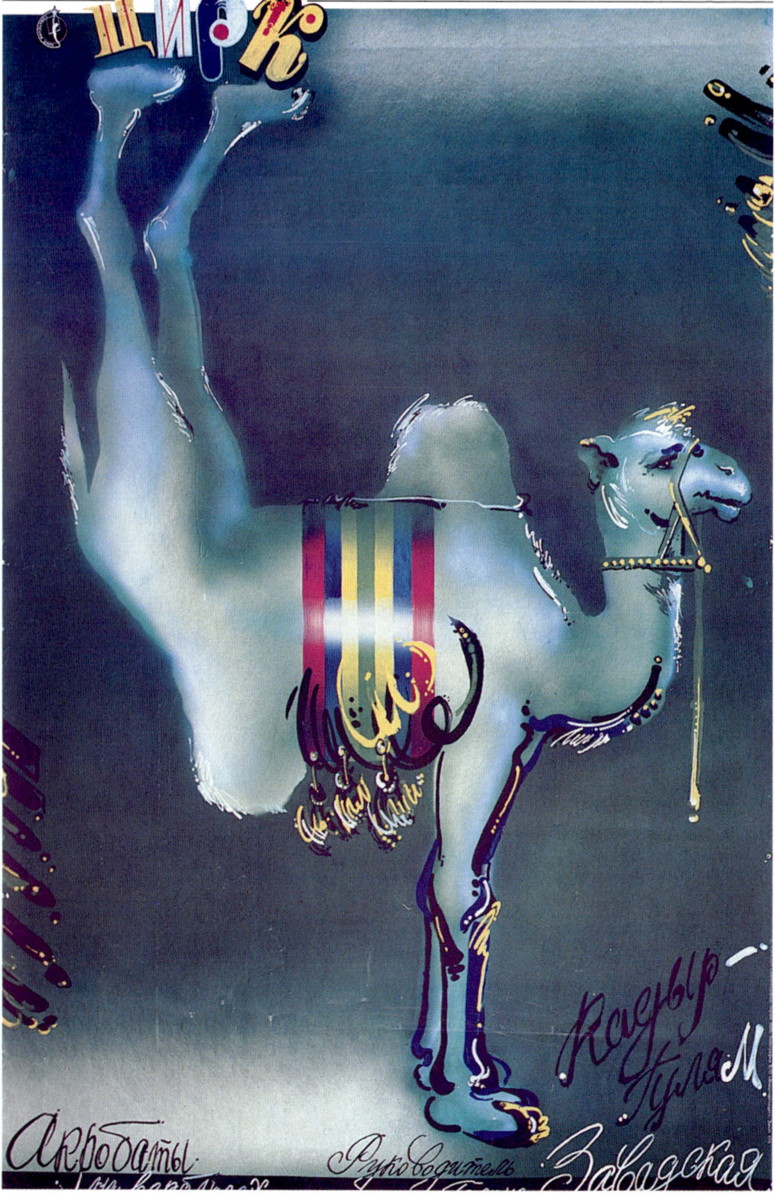
ЦИРК
Кадыр
Гулям
Акробаты
Руководитель
Завадская

aspect rudimentaire, stupéfie la noblesse russe par ses exercices extraordinaires. En 1847, le tsar Nicolas Ier formule l'idée d'une école qui initierait la jeunesse russe aux arts de la piste. Néanmoins, celle-ci se transforme rapidement en une classique école d'équitation et les choses en restent là.

En 1919, à l'issue de la Révolution, dans la foulée des décrets de nationalisation des cirques et des théâtres, le projet refait surface et il devient réalité en 1927 avec l'ouverture du Cours de l'Art du cirque. C'est une première prise en compte de la déshérence d'une forme esthétique et un signe fort d'intérêt pour un ensemble de disciplines dont le retentissement populaire ne peut laisser insensible.

L'Union soviétique met ainsi en place une école toute puissante qui invente, monte et diffuse ses productions à travers le monde, imposant le label Cirque de Moscou comme une vivante vitrine culturelle. La création du Studio de Moscou en 1972 vient compléter un dispositif pédagogique exceptionnel et permet notamment la réalisation de grands numéros aériens. Depuis, et jusqu'à la perestroïka, l'École de Moscou n'a cessé de produire des numéros ouvrant de nouvelles voies dans la mise en piste et s'attachant très vite, bien avant l'avènement du nouveau cirque, à donner un sens aux prouesses.

Ce final de 1962 au Cirque de Moscou est symboliquement, quarante ans plus tard, l'image d'un adieu à une conception du cirque unique en Europe. Avec l'éclatement de l'Union soviétique, la notion de cirque d'État s'est considérablement modifiée. Il existe toujours une agence centrale, le Rosgoscirk, qui diffuse quelques centaines de numéros à travers le monde, mais l'ouverture des frontières a surtout favorisé un apport considérable d'artistes de l'ex-Union sur le marché mondial.

La création des écoles de cirque

En 1995, pour le dixième anniversaire du CNAC, son directeur Bernard Turin a confié la mise en scène du spectacle de sortie de la septième promotion (ci-dessus) au chorégraphe Josef Nadj. *Le Cri du caméléon*, inspiré du *Surmâle* d'Alfred Jarry a marqué une étape décisive dans l'intégration de l'acrobatie à la danse, mais il a surtout permis au cirque de devenir une forme contemporaine à part entière et de se formaliser dans une véritable logique de création, oublieuse des notions de parodie ou de transgression liées à l'émergence du nouveau cirque.

En France, l'École nationale du cirque voit le jour en 1974, sous la direction d'Annie Fratellini et de Pierre Etaix. La comédienne Silvia Montfort, associée à Alexis Grüss, se pose à peu près au même moment les mêmes questions et ouvre en novembre de la même année son École du Cirque. À la fin des années soixante-dix, le ministère de la Culture, poussé par la crise profonde qui secoue alors le cirque, envisage la création d'un établissement d'État, fondé sur le modèle de l'école soviétique, et qui pourrait s'apparenter à un conservatoire des arts de la piste. En 1985 est ouvert à Châlons-en-Champagne, le Centre national des Arts du Cirque (CNAC), sommet d'une future pyramide d'écoles et pépinière de nouveaux talents. Si la première vague des cirques neufs devait l'essentiel de sa forme à une culture polymorphe, bâtie à coups de références, de Savary à Mnouchkine en passant par le Body Art, Pina Bausch et la création collective, en revanche la seconde, et sans doute les suivantes, s'appuient sur le potentiel tout neuf des écoles et notamment du CNAC.

En un peu plus de vingt-cinq ans, on va ainsi passer d'un enseignement familial, exclusif, initiatique, réservé aux seuls membres du clan, à une activité ludique dispensée dans près d'une centaine d'écoles. Et même si bien moins d'un pour cent des élèves se destine réellement à une carrière artistique, cet enseignement permet à l'enfant d'acquérir des outils d'expression et de lui ouvrir les portes de la créativité. Parallèlement, et dans le cas de la France avec plus de dix mille enfants qui fréquentent écoles et ateliers, il en fait également un spectateur potentiel et initié.

La démocratie du savoir circassien

Cette multiplication des écoles est un pas décisif vers une profonde démocratie du savoir, un affranchissement définitif de la réduction clanique de la transmission et un décloisonnement qui débouchera à terme sur la pluridisciplinarité de l'acrobate. L'apport d'un sang neuf, peut-être impur du point de vue dynastique, est une illustration de la césure contemporaine entre l'artiste créateur et l'artisan reproducteur.

C'est dorénavant son aptitude à créer, à modifier, à transgresser, à vivre la réalité de son art, qui décale pour l'acrobate la perception de son travail. On s'écarte désormais de l'acte d'une vie, d'un numéro codé, minuté et inlassablement répété pour acquérir au travers de la pluridisciplinarité les moyens de s'intégrer à un projet artistique global. L'extrême ouverture des savoirs est une profonde et définitive remise en cause de l'ancien cloisonnement de l'enseignement traditionnel. Le prolongement infini du même savoir de père en fils a, d'une certaine façon, vécu. L'imbrication des connaissances, d'une technique maîtrisée, permet à l'élève de développer son imaginaire et d'inventer à son tour de nouvelles postures ou prouesses en s'intégrant volontairement dans l'univers d'un autre créateur.

Mis en scène, chorégraphiés, les spectacles du CNAC créés après *Le Cri du caméléon* (ci-dessous *La Tribu Iota*) ont multiplié les esthétiques et les propositions scénographiques. Creusant toujours davantage le sillon de la création, François Verret, Guy Alloucherie, Jacques Rebottier, Héla Fatoumi et Éric Lamoureux ou Francesca Lattuada ont tour à tour questionné leur propre imaginaire et celui du cirque, confrontant leurs réponses à leurs univers et tissant ainsi des passerelles imprévues entre les différentes formes d'arts vivants. Jouant du décalage, usant de l'acrobatie comme d'un langage unificateur, ils ont su intégrer l'exploit au discours et initier ainsi une nouvelle dramaturgie de la prouesse.

Après deux siècles d'existence, le cirque s'essouffle. Stimulé par des acrobates et des clowns venus du théâtre et de la danse, un nouveau champ d'expériences artistiques s'esquisse, intégrant la performance à la chorégraphie et au jeu. C'est l'émergence d'un autre cirque, aussi classique, iconoclaste, et contemporain que patrimonial, expérimental et populaire.

CHAPITRE 6

VERS UN AUTRE CIRQUE

Le cirque contemporain aime parfois les références. Images et citations expriment alors un certain attachement à des archétypes aussi précis que ceux du clown classique ou de l'animal exhibé (ci-contre).

Au milieu des années soixante-dix, alors que le cirque n'est pas encore qualifié de traditionnel et qu'il règne seul dans son étroit créneau de développement, plusieurs grands chapiteaux (Pinder, Amar) vont brutalement cesser leurs activités et, au travers de faillites retentissantes, dévoiler les faiblesses d'une forme spectaculaire à bout de souffle. La crise pétrolière n'arrange pas les affaires d'entreprises dont la survie reste conditionnée par une extrême mobilité fondée sur la bonne santé d'un parc routier important. La débâcle remet en cause les principes de fonctionnement en vigueur depuis près d'un siècle. En outre, fasciné par les développements de la télévision, le public se détourne de prouesses désormais considérées sous l'angle de la médiocrité et de la désuétude. Apparemment inexorable, la déshérence de la forme est dévastatrice.

Paradoxalement, la période est riche en manifestes privés ou institutionnels pour tenter

Créé par un prince amateur de cirque, le Festival de Monte-Carlo rassemble chaque hiver une sélection des meilleurs numéros dans la plupart des disciplines traditionnelles. Lieu de consécration pour de nombreux artistes, largement ouvert sur le monde, il invite depuis le début des années 1980 autant de trapézistes russes et coréens que de contorsionnistes mongols ou d'acrobates chinois. Le festival bénéficie depuis quelques années d'un vaste chapiteau, installé en permanence sur l'esplanade de Fontvieille, non loin de la mer.

d'enrayer le déclin. En 1978, le ministère de la Culture affranchit le cirque de ses liens avec l'Agriculture en lui accordant un véritable statut culturel. La création du Festival de Monte-Carlo en 1974 et du Festival mondial du Cirque de Demain en 1977, suivis depuis par beaucoup d'autres, a également permis de montrer régulièrement les temps forts des évolutions stylistiques et artistiques des différentes formes acrobatiques et clownesques à travers le monde. Entre chambre d'échos, vitrine et témoin, ces espaces de découvertes sont ainsi à l'origine de nombreuses mutations.

Prémices

Lorsqu'en 1974 encore, pour célébrer le bicentenaire de la venue d'Astley à Paris, la comédienne Silvia Monfort persuade Alexis Grüss de remonter un spectacle de cirque à l'ancienne, elle ne soupçonne sans doute pas les conséquences de son projet. En préservant une nécessaire pureté formelle, elle place son travail et celui des Grüss dans l'axe d'une franche modernité et rompt justement avec cette fameuse esthétique voyante et tapageuse commune alors aux établissements traditionnels. Exemplaire, le propos vise pourtant davantage à une restauration qu'à une rénovation mais la qualité de la présentation est telle qu'elle s'assimile à une véritable création. Inspirés par des estampes anciennes, les numéros franchissent la barrière du temps et donnent au spectacle une dimension intemporelle à force d'être classique. L'œuvre, initiée par une femme de théâtre et un écuyer, rend en quelques productions ses lettres de noblesse à un cirque ressassé et pose en quelque sorte les fondations de la mutation.

Inspirée par la création de *La Sylphide*, ballet dansé pour la première fois en 1832 à Paris, l'écuyère à panneau est rapidement devenue une figure de style du cirque classique. Empruntant le tutu romantique de Marie Taglioni, ballerine étoile et égérie du rôle, l'écuyère résume l'argument de l'œuvre en quelques minutes sur une large et épaisse selle de bois et de cuir, réduction de la scène du théâtre. Dans le cadre du Cirque à l'Ancienne, Martine Grüss a redonné vie avec élégance à cette technique largement tombée en désuétude.

La révolution esthétique

Les formes de cirque qui apparaissent dans les années soixante-dix reflètent désormais l'esprit de leur époque en cultivant, pour se démarquer du contexte traditionnel, une identité essentiellement théâtrale inspirée par le souffle salvateur issu du bouillonnement culturel de la fin de la décennie précédente. Rompant avec la rigidité des plateaux classiques, les compagnies font de la rue la plus belle scène du monde et le foyer universel de toutes les rencontres.

La saga de ce que l'on qualifie désormais de nouveau cirque est celle d'un phénomène polycéphale, riche de créateurs dont le point commun est, déjà, la pluridisciplinarité. Jules Cordière, le précurseur, est une sorte de visionnaire qui le premier rassemble dans son Palais des Merveilles ceux qui semblent être les derniers saltimbanques de l'époque... Cracheurs de feu, jongleurs et briseurs de chaînes sont les figures emblématiques de savoir-faire simples en passe de disparaître. Artistes multiples, échappés parfois de filières prestigieuses, ils sont souvent des créateurs en quête de public et les praticiens d'un savoir que les théâtres classiques ne reconnaissent guère. Avides du contact et de la reconnaissance par le spectateur, ils trouvent sur les places publiques ou dans la rue un espace et des regards enfin disponibles.

Les pionniers du nouveau cirque récupèrent souvent pour thèmes de leurs spectacles les constantes de l'univers forain ou du cirque traditionnel. Ils les théâtralisent, s'acharnant déjà à abolir les ruptures dans l'enchaînement des différents numéros, essayant de créer des rythmes neufs et surtout de donner un sens à l'exploit. En 1971, Victoria Chaplin et Jean-Baptiste Thierrée imaginent le Cirque Bonjour où les deux artistes, en compagnie de leurs enfants, de lapins charmés et de quelques colombes, réinventent un cirque léger, sans défi et tout en tendresse. Barbara Vieille, en butte à la misogynie récurrente du cirque classique, crée le Cirque de Barbarie, première troupe

L'une des tendances contemporaines les plus actives du cirque est de privilégier une seule technique pour nourrir un spectacle. L'exemple des Arts Sauts (à droite), « trapézistes tout simplement », est significatif de cette nouvelle version d'une discipline traditionnellement circassienne, le trapèze volant, devenue parfaitement autonome. Fondée en 1993 par un collectif de trapézistes venus d'horizons divers, la compagnie s'est d'abord produite en plein ciel. Avec leur impressionnante structure d'acier, les Arts Sauts ont beaucoup tourné en Asie et, dans le cadre d'échanges culturels, ont notamment aidé à la création d'une école de trapèze au Laos. La conception et la création, en 1998, à la fois d'un spectacle et d'un lieu scénique inédits ont marqué une étape dans l'évolution de la compagnie. Imaginée par Hans Werner Müller, une gigantesque structure gonflable, une bulle blanche et vide, où les spectateurs sont allongés dans des transats, abrite depuis *Kayassine* (« trapèze » en laotien) le second spectacle de la troupe.

exclusivement composée de femmes. La première moitié des années soixante-dix, particulièrement féconde, voit la création des Noctambules et les débuts de ce qui deviendra la Compagnie Foraine d'Adrienne Larue, le Trapanelle Circus d'où sont issus les Oiseaux Fous, le Cirque Amour, éprouvette du Cirque Plume, le Cirque du Grand Céleste ou encore les Matapeste en 1978. En 1973, Maripaule B. et Philippe Goudard fondent leur compagnie, enchaînant les créations qui, du *Cirque Univers* au *Cirque Nu*, empruntent au théâtre, à la danse et au cirque. En 1973 également, Christian Taguet ouvre le Puits aux Images dans les cours à ciel ouvert du Marais, en plein cœur de la capitale. Il bénéficie d'une formation musicale, théâtrale et acrobatique, et sur ses tréteaux parfois improvisés, ses comédiens saltimbanques conjuguent le plaisir de jouer à celui, plus neuf, d'utiliser leur corps et sa souplesse. Trois ans plus tard, la troupe éclate et certains de ses membres vont à leur tour devenir les précurseurs d'un autre cirque. Paillette, l'un d'entre eux, contribue avec Igor, Bartabas et Branlottin à la création en 1979 du Cirque Aligre. Le spectacle est fondé sur la transgression, l'agression et la

La Compagnie Foraine favorise le métissage entre le cirque et les arts plastiques, utilisant, à l'image de ce rideau de verres, la piste comme un espace d'installations.

provocation mais également sur cette monstrueuse propension à assimiler bêtes et gens à des phénomènes et à encourager chez les spectateurs un voyeurisme qui puise notamment ses racines dans les baraques foraines. D'autres sauront utiliser en les théâtralisant toujours davantage ces réminiscences de la foire : ainsi le Cirque du Docteur Paradi qui, avec ses monstres et son Indien, sut se faire une raison sociale du titre de son premier spectacle et évoluer à partir de 1985 d'une création à l'autre jusqu'à une forme intermédiaire entre tradition équestre et modernité.

La passion des chevaux

Dans la puissante foulée de ses chevaux et de ses hommes, Aligre continue quelque temps à provoquer de belles frayeurs sur les places publiques avant de se muer à l'automne 1984 en un étrange Circo Zingaro. Un lieu insolite qui favorise les images singulières et emprunte à l'esthétique tzigane quelques codes visuels efficaces. Deux ans

À l'image de Zingaro (ci-dessus), le cheval et l'art équestre effectuent un impressionnant retour en force dans les formes de spectacles contemporains.
Le Théâtre du Centaure utilise le cheval comme un véritable acteur et offre une réponse singulière à la question d'un théâtre équestre, mobilisant l'énergie de l'acteur humain à partir de l'élan des bêtes.
Saudade, spectacle de la compagnie O Cirque, fondée en 1999 par Valérie Fratellini et Gilles Audejean, est une autre alternative à l'équilibre fragile entre tradition et modernité.

plus tard, la reconnaissance venue, il s'affranchit de l'encombrante connotation circassienne pour s'affirmer simplement comme Zingaro, Théâtre Équestre et Musical. Créé avec la complicité des fondateurs du Cirque Aligre, Zingaro est dirigé aujourd'hui par le seul Bartabas qui enchaîne ses spectacles prodigieux, d'*Opéra Équestre* en *Chimère* et d'*Éclipse* en *Triptyk*. Igor applique à son tour pour quelques saisons la formule magique d'un animal roi, et fait de l'oiseau, la figure centrale et magnifique de sa Volière Dromesko, tout à la fois enseigne et spectacle. Lors de la création près de Lausanne en 1990, plusieurs dizaines de volatiles de toutes sortes, du corbeau à l'énigmatique marabout, s'ébattent en – presque – toute liberté dans les branches d'un arbre immense planté au bord d'une piste de sable. Un cheval ailé et quelques rats complètent un fabuleux bestiaire dont la seule présence tient déjà lieu d'exploit poétique.

En 1979, le Puits aux Images se couvre d'une toile et devient l'un des composants essentiels de l'évolution. Sa mutation en 1987 en Cirque Baroque et la contribution active depuis 1992 de Christian Taguet au festival Parade(s), organisé en collaboration avec la ville de Nanterre, affirment son importance dans la mouvance contemporaine des arts du cirque.

Le chapiteau de la Volière Dromesko (ci-dessous) est surmonté d'une coupole transparente qui laisse passer les rayons du soleil autant que ceux de la lune… Une référence poétique qui s'accorde également bien à l'apparente fragilité du chapiteau de cordes, première structure d'Archaos. C'est un extraordinaire entrelacs de câbles, de fils et de chaînes, tissé pour dessiner l'architecture d'une tente privée de toile. Par la suite, Archaos deviendra sans doute le meilleur exemple pour illustrer les facultés d'adaptation du nouveau cirque en termes d'espace.

Bruits et fureur

En 1984, Pierrot Bidon fonde un spectacle qui n'existe qu'au prix d'une hypothétique fusion entre l'art et le chaos... Archaos (« l'Arche du pouvoir » en grec), Cirque de Caractère, est né. Basé sur la provocation et une expression de la violence, Archaos produit au fil de ses spectacles d'étranges images où les acrobates sont accrochés à une grue et les trapézistes suspendus dans les méandres fantastiques d'une gigantesque structure installée sur la plate-forme d'un camion... En 1991, pour le spectacle *Métal Clown*, il sépare le public en traçant une véritable rue, bitume, trottoirs et cabine téléphonique et la couvre d'une formidable coque qui ressemble à un bateau renversé. Deux immenses portes ferment l'espace à chacune des extrémités et s'ouvrent sur la nuit pour laisser s'engouffrer camions, échassiers et motos. En dépit de l'apparente modernité de ses productions, Pierrot Bidon aime alors à se définir comme le plus traditionnel des novateurs, remplaçant en une habile transposition les chevaux des origines par les véhicules d'aujourd'hui. Il souligne également l'absence d'animaux dressés par un identique glissement esthétique et métaphorique. La soumission ne s'applique plus à de féroces bêtes exotiques, mais bien plutôt à des machines, cruelles et complexes.

Le milieu des années quatre-vingt s'avère une période charnière pour le

Jouant avec l'espace, Archaos intègre avec la même aisance l'immensité vide de la Grande Halle de la Villette ou le bâtiment historique du Cirque d'Hiver en 1996 (à gauche). Dans la plupart de ses productions, Pierrot Bidon ne se refuse aucune possibilité, faisant imploser des téléviseurs, créant un pont de lumière avec des gerbes jaillissant de chalumeaux ou précipitant une voiture du plus haut d'une gardine revêtue de rideaux de plastique (ci-dessous).

développement d'un cirque neuf qui n'en finit plus de s'inventer. Dix ans plus tôt, en 1973, à Besançon, le Théâtre des Manches à Balais avait ouvert les Ateliers du Marché, rendez-vous régulier de saltimbanques et d'amuseurs publics. En 1984, plusieurs membres de la même troupe créent le Cirque Plume. Le spectacle s'inscrit alors dans une dimension poétique empreinte de naïveté et, sur la piste, un immense tas de sciure fraîche et odorante crée une intense sensation olfactive et tactile... Six ans plus tard, en 1990, le Grand Prix du Cirque décerné par le ministère de la Culture vient récompenser une trajectoire modèle.

Questions d'espaces

Pour de nombreux artistes, la piste de treize mètres n'est plus aussi emblématique et les nouveaux acrobates n'y lisent plus la même nécessité pour s'exprimer. Ce choix de se produire hors du cercle est fondamental. C'est une révolution esthétique aussi importante que l'annexion d'une scène par Hugues et Astley au XVIIIe siècle en marge de leur piste.

La complicité avec le public est l'une des données fondatrices du nouveau cirque. L'absence parfois de banquette de piste, l'extrême proximité des spectateurs coincés sous de minuscules chapiteaux, l'intégration de l'assistance à l'égal d'un partenaire supplémentaire favorisent de nouveaux rapports avec la salle et ramènent le spectacle vers ses origines foraines. L'incursion d'objets étranges dans les gradins, en brisant l'ancienne sacralisation du cercle réservé aux seuls acrobates, crée à l'évidence une intimité inhabituelle au cirque.

La polyvalence des acrobates contemporains, métaphore active de celle des purs enfants de la balle d'avant-hier, vient désormais servir de nouvelles exigences spectaculaires. Elle s'épanouit parallèlement à des recherches en matière d'espace et de mise en scène, tout en s'enrichissant d'un apport textuel de plus en plus présent et autour de la création de costumes, d'une scénographie adaptée ou encore d'un travail sur la lumière ou la musique. Surtout, l'émotion ou la surprise ne naissent plus simplement du risque pris mais davantage d'une complicité entre l'acteur acrobate et le spectateur, au détriment sans doute d'une excessive virtuosité. La qualité d'un spectacle ne repose plus seulement sur le prestige d'un patronyme mais plutôt sur les spécificités induites par des choix esthétiques ou un mode d'existence. Ainsi, quand Archaos agresse son public et reflète l'imaginaire des banlieues, Plume préfère jouer la carte d'un univers poétique et s'inscrire dans un autre courant fort de son époque, l'écologie. La rupture essentielle avec le cirque traditionnel,

À l'image du Cirque du Soleil, du Cirque Baroque ou du Cirque Plume (ci-dessus), les nouvelles compagnies ont choisi de se qualifier autrement que sur un rapport simplement patronymique. En outre, elles bâtissent leur esthétique sur d'autres ressources, plus subtiles et souvent liées à un travail sur l'ombre et la lumière, ce qui rompt avec la tradition du plein feu, longtemps règle immuable d'éclairage dans les cirques.

qui continue de fonctionner sur des modes de voyage quotidien et d'utiliser des méthodes publicitaires désuètes, représente une profonde dichotomie économique. L'engagement est différent pour les troupes contemporaines qui s'insèrent dans la programmation de saisons culturelles ou se produisent dans le cadre de festivals, et les cirques itinérants traditionnels qui n'ont que leurs affiches, peu efficaces, pour annoncer leur passage. Cette distinction fondamentale est sans doute la ligne de démarcation la plus tangible entre les genres.

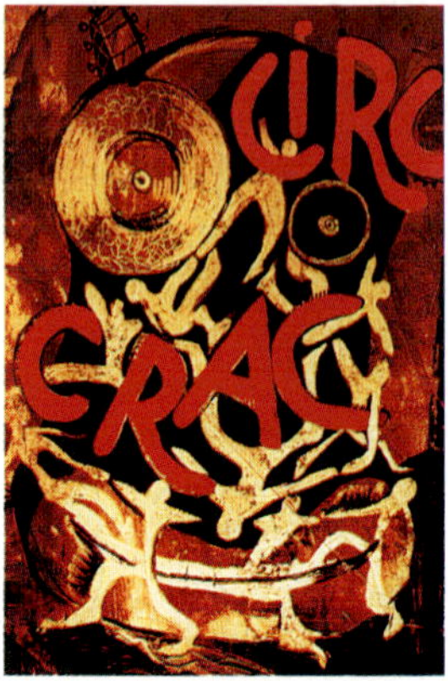

Ailleurs

Il reste que le phénomène du nouveau cirque n'est pas seulement français mais largement européen, à défaut d'être réellement international. La Catalogne propose par exemple le Circ Cric, fondé en 1979 par Javier Fabregas avec des gens de théâtre et qui rassemblera la plupart des artistes des futures troupes alternatives. Dirigé ensuite par Tortell Poltrona, il mue en Circ Crac et se couvre d'un chapiteau pour deux saisons en 1981 et 1982. Il voyage alors avec une troupe de quarante personnes, des chevaux et… un lion. C'est dans le sillage du Circ Crac que va se développer le nouveau cirque catalan à partir des années quatre-vingt. Les compagnies se multiplient à l'image du Cirque Semola, rapidement rebaptisé en Théâtre Semola, et surtout de la Fura Dels Baus qui mêle étroitement dans ses premiers spectacles une violence extrême et une recherche esthétique acérée dans la mise en scène de prouesses circassiennes. L'Angleterre fournit à la même époque le Suit Case Circus, le Circus Senso, le Circus Hazard, le Circus Burlesque et le Footsbarn Travelling Theatre, assimilé dès ses débuts à la mouvance alternative sans être réellement un cirque, mais qui en utilise ponctuellement les signes et surtout les techniques.

Au Québec, sur une terre sans réelle tradition de cirque, est née l'une des entreprises phares de la

La France restera sans doute le premier berceau du nouveau cirque, mais d'autres territoires ont également vu l'émergence d'un cirque différent. En Australie, le Circus Oz, issu d'une troupe de Melbourne née à la fin des années soixante, le Fruitflycircus, représente très tôt une alternative au modèle traditionnel. Comme beaucoup d'autres, il privilégie le travail en salle et se produit un peu partout dans le monde, dans des lieux à l'image du New Victory Theater à New York qui, en accueillant régulièrement Oz, mais aussi Eloise et quelques autres, instaure de nouvelles manières de gérer les tournées. Plus près de nous, avec *Trix*, les Suédois du Cirkus Cirkör apportent eux aussi une preuve supplémentaire d'une évolution en marche.

dernière décennie, issue d'une manifestation dédiée aux arts de la rue. À l'aube des années quatre-vingt, un groupe de saltimbanques mêlant cracheurs de feu, musiciens, jongleurs et échassiers se réunit pour créer à Baie Saint-Paul un festival de bateleurs et d'artistes de rue baptisé la Fête Foraine. En 1984, à l'occasion des fêtes célébrant le quatre cent cinquantième anniversaire de la venue de Jacques Cartier, le gouvernement québécois accompagne la création d'un cirque neuf, vierge de conventions, en donnant au Cirque du Soleil les moyens d'exister et d'entreprendre sa première tournée. Dix-sept ans plus tard, l'entreprise est devenue une véritable multinationale dont les productions réparties entre

O, le spectacle aquatique du Cirque du Soleil, créé en 1998 dans un casino de Las Vegas, représente par sa démesure et son originalité une nouvelle étape dans l'histoire récente des arts vivants. Un lac de près de 40 mètres sur 25 et de 10 mètres de profondeur est le somptueux décor d'un spectacle qui mêle l'acrobatie et le jeu clownesque à la natation synchronisée.

des lieux fixes (*Mystère*, *La Nouba*, *O*) et des chapiteaux itinérants (*Alegria*, *Dralion*, *Quidam)* intègrent tous les éléments, costumes, décors, chorégraphie, mise en scène, éclairages et musique originale, d'un spectacle vivant. La dissidence radicale avec les codes du cirque traditionnel réside dans l'absence volontaire et argumentée des animaux dressés. Choix éthique, artistique et esthétique, qui libère la création d'un certain nombre de contraintes imprévisibles, inhérentes à la présence systématique d'éléphants, de fauves ou même de chevaux sur la piste d'un cirque.

Les écoles représentent l'un des principaux foyers de création en matière de cirque contemporain. Chaque année, les spectacles de fin d'études en témoignent (ci-dessus l'un des étudiants de l'École nationale de Cirque A. Fratellini, future Académie contemporaine des arts du cirque, installée à Saint-Denis à partir de 2002).

Métissages

Depuis vingt-cinq ans, on assiste donc en France et ailleurs à une régulière multiplication de troupes et de compagnies rassemblées par commodité d'identification sous la bannière commune du nouveau cirque. Cette désignation correspond en fait à la période d'apparition et de formalisation entre 1975 et 1985. Une décennie cruciale pour les deux formes, l'ancienne et la nouvelle, contraintes désormais à la cohabitation. Il faut à l'une s'empêcher de disparaître et à l'autre gagner un droit à l'existence en passant par l'institutionnalisation. C'est le temps de l'émergence de formes différentes, inspirées et stimulées par le renouveau insufflé par les écoles et qui ne va aller qu'en s'amplifiant. À la fin des années quatre-vingt, on préfère désormais parler de cirque contemporain.

Le cirque s'offre alors en une multitude de formes et les options choisies par la plupart des compagnies

se déclinent au fil des spectacles produits avec, pour certaines, des préférences marquées pour un domaine spécifique d'influences. Après *Candides* en 1995, *Ningen* en 1998 et *Frankenstein* en 1999, le Cirque Baroque affirme son intérêt pour un texte utilisé comme support et profite du langage acrobatique pour en multiplier les interprétations sensibles.

Le Centre national des Arts du cirque, pôle de formation international, s'appuie sur la synergie entre les formes d'arts vivants pour redéfinir le cirque comme un réservoir quasi inépuisable de sens, de signes, et de codes de représentation. En 1995, *Le Cri du caméléon*, spectacle du dixième anniversaire de l'école monté par le chorégraphe Josef Nadj est une étape décisive dans la formalisation d'une autre esthétique des arts du cirque.

L'œuvre de l'écrivain japonais Mishima a nourri la création de *Ningen* en 1998, spectacle mis en scène par Agustin Letelier et Christian Taguet. Traversé d'images fulgurantes d'un Japon à la fois séculaire et contemporain, inspiré autant par le hiératisme des samouraïs que par la vivacité des mangas, *Ningen* est sans doute la plus aboutie des synthèses entre un support littéraire et des performances acrobatiques.

L'Afrique, terre d'acrobatie rituelle, connaît à son tour, par le biais de la création d'écoles ou de structures d'enseignement, un développement spectaculaire en termes d'acrobatie et de techniques de cirque. La Guinée, l'Éthiopie, le Kenya, le Gabon notamment, mais aussi le Maroc et la Tunisie, souvent avec la complicité de partenaires individuels ou institutionnels occidentaux, offrent désormais la possibilité de faire découvrir des techniques de cirque aux enfants et adolescents de quelques grandes villes. Ainsi, le spectacle *Circus Baobab* élaboré avec Pierrot Bidon, fondateur d'Archaos et les élèves de l'École nationale de Conakry, atteste d'une nouvelle interaction artistique entre l'Occident et l'Afrique.

La transformation d'un cirque originel, quelles que soient les branches d'un hypothétique tronc commun, en arts du cirque est symbolique. Ne serait-ce que pour le mot « art » qui fait basculer le divertissement dans d'autres champs d'images et de sensations. La reconnaissance, si proche de la renaissance, permet aux arts du cirque de renouer avec des origines infiniment plus lointaines que la poignée d'ancêtres du dix-huitième siècle. Séculaires, l'acrobatie, le jonglage et l'utilisation de la dérision s'affranchissent de ces deux siècles d'existence où le cercle les a magnifiés pour reconquérir une autonomie en devenant justement, et peut-être simplement, des arts du cirque. Ni plus, ni moins, mais surtout capables d'exister en toute indépendance. La piste ne les retient plus et une seule technique peut désormais nourrir un spectacle entier, créant une rupture franche avec la juxtaposition de numéros qui a toujours prévalu en matière de cirque. Alors, oubli des références, révolution ou simple écho d'anciens jeux sacrés qui, devenus profanes, s'accordent une nouvelle existence en marge des chapiteaux et des places

publiques ? Aujourd'hui, l'utilisation récurrente, pour des raisons économiques, des scènes de théâtre, au détriment de la piste et du chapiteau, marque également un retour aux spectacles de tréteaux, liés implicitement aux anciens bateleurs. C'est une manière d'offrir une certaine modernité à des pratiques autrefois plus théâtrales qu'acrobatiques. C'est sans doute également une nouvelle vision de l'artiste de cirque, devenu créateur et interprète d'une œuvre au sens neuf, affranchie des contraintes de la seule virtuosité.

Évolution de la mémoire

Les créations des dix dernières années sont autant de réponses apportées à des questions fondamentales d'équilibre, d'espaces, de jeu et de structures. La sphère d'acier de *Sur l'air de Marlborough*, les oiseaux naturalisés et le bar de *C'est pour toi que je fais ça*, les toiles et les chaises

Certaines disciplines ont besoin de conditions particulières pour s'émanciper du cadre formel du cirque. C'est le cas du trapèze volant notamment qui, pour s'exprimer pleinement, suppose un matériel important, parfois difficile à installer sans les points d'ancrage d'un chapiteau. Pourtant, des compagnies comme Tout Fou To Fly ou les Arts Sauts, jusqu'en 1998, ont trouvé dans la conception de structures indépendantes d'une quelconque coupole, les moyens de voler librement n'importe où. En dépit de l'énormité de leur matériel, ils parviennent ainsi à travailler sans contraintes.

Le camion trapèze a été imaginé par Pierrot Bidon et construit par l'ancien acrobate Ernest Clennell (page de gauche). Avec son portique et son filet intégrés dans une mécanique dépliée en cours de jeu, c'est à la fois un moyen efficace de travailler avec une plus grande liberté dans le choix des lieux et une extraordinaire machine à images, particulièrement efficace dans le spectacle d'Archaos *Métal Clown*, lorsque l'ensemble se déployait aux accents d'un orchestre rock puissant.

Issu à la fois des manèges royaux et de la rue, le cirque traditionnel valorise depuis toujours les pratiques saltimbanques. Il privilégie les prouesses et, comme le bateleur sur la place publique, doit capter l'attention des spectateurs. Les trapézistes des Arts Sauts se sont longtemps produits dans la rue, créant avec leur immense structure un efficace décalage, volant aussi bien devant une barre d'Hlm qu'au cœur d'un jardin public, à moitié dissimulés par les arbres. Le Teatro del Silencio, créé en 1989 au Chili par Mauricio Celedon, metteur en scène de *Candides* pour le Cirque Baroque en 1995, de *Nanaqui* (ci-contre) en 1997 et d'*Alice Underground* en 1999, intègre l'acrobatie à sa pratique d'un théâtre corporel et muet.

de *Candides*, les créatures d'acier de Cirqu'Ici, les arches de *Kayassine*, le mât central de Que-Cir-Que sont générateurs d'images et contribuent à redéfinir l'aire de jeu. Le vide originel de la piste traditionnelle s'en trouve modifié, mais c'est aussi l'affirmation d'une adéquation différente entre le lieu scénique et le spectacle qui s'y déroule. Le geste de l'acrobate ou le saut du trapéziste s'expriment désormais en fonction des espaces pour lesquels ils sont créés, plutôt que dans l'anonymat d'un quelconque chapiteau. Les dispositions scéniques de la Compagnie Foraine, de Cirqu'Ici, de Que-Cir-Que, du Cirque Nu et *a fortiori* du Cirque Baroque, qui recrée pour *Ningen* le traditionnel chemin des fleurs du kabuki, sont révélatrices d'une volonté d'accorder l'œuvre à son cadre. C'est une vraie rupture avec un autre cirque qui peut, lui, se produire alternativement sous un grand chapiteau, dans un cirque stable ou sous une petite tente pour autant qu'ils possèdent une piste de treize mètres de diamètre. Signe des temps, on a ainsi transformé aux quatre coins du monde occidental une tradition longtemps considérée comme sclérosante en une mémoire vive et fécondante. En outre, un spectacle de cirque ne se pose plus seulement en nomenclature de prouesses indépendantes, mais s'affirme plutôt comme un formidable organisme vivant dont la force ne réside plus dans l'accumulation de différences mais dans l'intense mouvement qui les concentre ou les déforme pour exprimer l'idée d'une globalité, de spectacle total. En multipliant ses champs d'investigations, en créant et en développant sans cesse de nouvelles formes esthétiques, en réinvestissant la rue et l'espace public, terrains privilégiés de ses premiers balbutiements, le cirque conjugue désormais la nouveauté au quotidien et incite ses acteurs à d'autres dépassements. Une vitalité qui s'explique sans doute par l'intérêt grandissant que les compagnies contemporaines portent aux formes les plus diverses. Le métissage artistique est aujourd'hui autant une source d'influences

Issu de la première promotion du CNAC, cofondateur avec les artistes de Que-Cir-Que de l'extraordinaire et éphémère Cirque O, Johan Le Guillerm a créé Cirque'Ici en 1993. Viscéralement attaché au cercle, « architecture naturelle de l'attroupement », il a offert pendant quelques saisons, seul en piste mais soutenu par quatre musiciens, un spectacle dense intégrant la plupart des disciplines classiques.

qu'un critère d'identification. C'est, dans la continuité de l'histoire, un probable retour à la diversité qui prévalait déjà dans la construction des spectacles de cirque au XVIIIe siècle. Et si le cirque s'est toujours plu, au cours de ses deux siècles d'existence, à récupérer idées et techniques, on assiste aujourd'hui à la généralisation d'un véritable processus de création à partir de fragments d'histoires ou d'œuvres littéraires ou plastiques, naturellement intégrés par les équilibristes contemporains. Les compagnies créent des spectacles où la peinture, la sculpture, la vidéo ou la littérature sont activement convoquées.

Et demain...

Depuis dix ans, on assiste au développement d'une nouvelle arborescence circassienne. À la fois miroir du temps et métaphore d'un passé proche, de nombreuses troupes et compagnies sont ainsi nées dans l'ultime décennie du millénaire. Le Théâtre du Centaure s'est créé en 1989, les Nouveaux Nez en 1990. Issu d'un collectif d'artistes franco-allemand, Gosh est fondé en 1991. Les Pocheros, la Compagnie Jérôme Thomas et Tout fou to Fly en 1993. Les Colporteurs en 1994. Les Mauvais Esprits, Anomalie et les Acrostiches en 1995, la Compagnie de l'Ébauchoir en 1996, les Frères Kazamaroffs en 1997, Vent d'autan et Vis à Vis en 1998... Les membres de ces équipes artistiques sont liés par choix et motivés par un désir de création collective. Issues des écoles, des promotions d'étudiants aux spécialités variées décident de se structurer en compagnies et de poursuivre une

Le renouveau insufflé par le Cirque du Soleil a favorisé la création d'autres compagnies au Québec. Le Cirque Eloise (ci-dessus) notamment, fondé en 1993, et qui se produit dans un vaste réseau de salles à travers le monde. En outre,

aventure commune souvent initiée en marge de la création d'un spectacle de sortie. Au-delà de l'intérêt de rester ensemble pour gérer les retombées de la production collective, s'affirme aussi sans doute la volonté de poursuivre l'expérience d'un travail subtil lié aux complicités que les années d'apprentissage ont pu nouer. Il y a peut-être également le choix d'une vie communautaire dans ce qu'elle a de plus excitant,

l'importance de l'École nationale de cirque de Montréal et la création d'une Cité des Arts du Cirque, inscrite au cœur d'un vaste projet urbain, vont sans doute contribuer à l'émergence d'autres expériences outre-Atlantique.

c'est-à-dire, au bout des répétitions, la recréation quotidienne du spectacle. Ce rassemblement régulier et volontaire des artistes contemporains est un écho des anciennes familles de voyageurs qui véhiculaient inconsciemment une mythologie de l'errance en troupe. C'est peut-être d'ailleurs l'image de cet intense faisceau d'énergies qui rend si attirant et si moderne ce passage sensible des liens du sang à ceux d'une mémoire inspirante. Et si le cirque contemporain s'attache parfois à méditer sur son époque, à en soumettre une ou plusieurs lectures, il peut aussi, fort de ses expériences multiples et avec la désinvolture apparente que confère l'aisance à tourner un saut périlleux sur un simple fil tendu, offrir au travers d'une succession d'œuvres nouvelles capables de transcender le vocabulaire acrobatique et clownesque initial, ce qui pourrait correspondre à la définition presque parfaite d'un art à part entière. Le huitième.

« Assis sur sa chaise rudimentaire, face à son miroir pour une dernière interrogation, l'artiste immobile et silencieux se drape dans le voile de son destin. Voile opaque, citadelle de solitude où les tripes s'accrochent à l'âme. »
Monica J. Renevey

TÉMOIGNAGES ET DOCUMENTS

Les travailleurs de l'ombre

Dislocations ou grand écart sont le résultat d'incessantes répétitions. Lorsqu'il n'est pas habillé de lumière, l'artiste est un travailleur du quotidien, un bon ouvrier.

Le prix de la fantaisie

Entre ces tables voisinantes, toutes remplies de gens qui se connaissaient, de clowns, d'écuyers, de gens du travail par terre et du travail en l'air, il n'y avait pas une conversation, ni même dans un coin un aparté.

Ces hommes, ces gymnastes, et surtout les clowns, ces amuseurs de public avec la bouffonnerie de leurs corps, étalent, eux aussi, la tristesse des acteurs comiques. Et ils ont plus qu'eux, qu'ils soient anglais ou français, une taciturnité particulière. Est-ce la fatigue des exercices, est-ce le mortel danger quotidien au milieu duquel ils vivent, qui les fait tristes et muets de la sorte? Non, il est une autre cause. Quand ces hommes sont sortis de la fièvre de leur travail, quand ils se reposent, quand ils réfléchissent, il vient à tout moment à leurs réflexions, l'appréhension que cette force adroite dont ils vivent, peut être tout à coup supprimée par une maladie, un rhumatisme, un rien de dérangé dans la machine physique. Et ils pensent encore et souvent – c'est leur idée fixe que cette jeunesse de leurs nerfs et de leurs muscles aura un terme, et que, bien longtemps avant qu'ils ne meurent, la profession exercée par eux, leur corps vieilli se refusera à la remplir. Puis enfin, il y a parmi eux, et ils sont nombreux, les démolis, ceux qui ont fait dans leur carrière deux ou trois chutes, des chutes parmi lesquelles il y en a eu peut-être une, qui les a tenus au lit onze mois; alors, ces hommes sous l'apparence complète du rétablissement, demeurent selon leur expression «des démolis» et ont besoin maintenant pour

l'accomplissement de leurs tours, d'un effort qui les tue et les rend tout chagrins.

En ce moment, entrait dans le café un clown, engagé comme singe dans une pièce féerique du Boulevard, qui, tirant de sa poche de petits cornets roses, en donnait à chacun de ses confrères, leur annonçant avec un air heureux et un peu fier, qu'il avait été parrain le matin; puis il venait s'asseoir auprès de Gianni, auquel il disait :

«Et où en sommes-nous?

– Où j'en suis? reprenait Gianni, mais toujours à la suspension horizontale en avant… C'est une plaisanterie la suspension horizontale en arrière… vous avez, pour soutenir le bras dans ce mouvement, le bourrelet que font le surépineux et le sous-épineux, tu sais, ces muscles-là… tandis que, quand ça se passe en avant la suspension… rien du tout, mais rien du tout pour vous retenir le bras que le vide, mon cher… Maintenant, voilà déjà pas mal de mois que j'y travaille… et je suis un peu effrayé de tous les mois qu'il faudra encore pour y arriver… Il y a tant de choses comme cela dans notre métier, qu'à un moment, nous sommes obligés de lâcher devant le temps que ça nous demande encore… et devant le peu d'effet que cela produira en public…

Ah! il va falloir passer à un autre.»

Edmond de Goncourt,
Les Frères Zemganno,
Éditions d'Aujourd'hui, 1983

De bons ouvriers et de sages ouvrières

La vie familiale des compagnons de la banque n'est comparable à aucune autre portée au programme des existences dédiées à la fantaisie nourricière. Dans la tiède chaleur de la roulotte ou dans le petit appartement bourgeois de la Butte, les acrobates et les clowns, qui sont souvent d'anciens acrobates moins sûrs de la précision de leur geste décisif, perfectionnent leur métier en dehors de tous les jeux et de toutes les horreurs de la vanité mondaine. Ce sont de bons ouvriers et de sages ouvrières. Et telle écuyère qui apparaît en piste comme la plus adorable incarnation de la reine de Saba n'est plus, sous la lumière rose de la lampe posée sur la classique table ronde des intérieurs sans histoires, qu'une excellence mère qui reprise les bas et les culottes de ses enfants. Les petits clowns et les futures petites étoiles de la cavalerie nomade se développent ainsi à travers le monde minuscule et chaud d'une existence parfaitement mesurée. La fantaisie est une denrée de choix que l'on vend au public, une friandise imaginaire favorable aux applaudissements. Il n'est pas d'usage que les demoiselles de confiserie soient gourmandes de la marchandise qu'elles offrent. Tel est l'artiste qui ignore à quel point ce qu'il livre de soi-même est une parure pour d'autres. Le clown travaille consciencieusement sa gaieté et ses farces. La danseuse se prépare aux envols les plus audacieux comme une studieuse écolière. Et le poète qui les admire le dit avec plus ou moins de bonheur, à son insu, comme la rose produit ses effluves et l'eau des sources, sa chanson.

Pierre Mac Orlan,
Parades abolies,
Les Compagnons du livre, 1949

Onze heures du matin...

J'aime le cirque à onze heures du matin avec sa salle déserte qui sent la sacristie et sa lumière grise de place publique dans le brouillard. C'est l'heure où les personnages flamboyants du soir répètent leur «numéro». Paul, François et Albert Fratellini, en costume de ville et un foulard autour du cou, enseignent la tradition, la patience à leurs disciples pour d'une chrysalide faire naître le papillon qui apparaîtra dans ses couleurs éblouissantes à la lumière du spectacle. Sur les banquettes vides comme celles du Colisée, une ou deux jeunes femmes, des camarades, des écuyères peut-être, assistent à la répétition. La tribune de l'orchestre semble tellement vide, avec ses contrebasses en bois léger, qu'une pierre jetée dans la boîte à musique pourrait dégager une sonorité de cataclysme. À cette heure, tous les gestes acrobatiques sont jugés à leur valeur exacte par des professionnels. On vit, ici, les honnêtes minutes d'attente avant la soupe dans une salle à manger d'ouvrier aisé. Le travail accompli dans ce cadre ne se montre pas en marge du travail des autres hommes. Aucun mystère, banal ou distingué, aucune voix féminine ne jettent une note exceptionnelle. Les femmes travaillent dans ce lieu comme beaucoup d'autres femmes qui ne connaissent pour récompense que ce demi-jour. Et elles ont le droit d'être lasses. L'inspiration n'intervient pas dans ce travail afin de communiquer la flamme inattendue qui soulève les applaudissements. Dans ce cadre, le public seul garde le droit de suivre les caprices de sa propre imagination. De là, selon le goût du jour et la mode qui inspire l'enthousiasme littéraire, naissent, sans doute, tant de comparaisons où les clowns laborieux et sages sont traités avec ce mépris de la réalité qu'adoptait le grand La Fontaine quand il parlait des bêtes. Quant aux acrobates vêtus de rose, d'azur et de lilas [...], ils apparaissent, au moment même où ils enchantent le public, comme le symbole d'une addition de cent efforts quotidiens dont le total donne un «numéro». Il est difficile de ne pas imaginer, devant un exercice de force, par quelle lente progression, par quel travail taylorisé, un homme peut aboutir à cette minute d'angoisse et d'éblouissements. [...]

Depuis Antonet et Grock jusqu'aux Fratellini, en passant par Ilès et Antonio, Dario et Ceratto, Footit et Chocolat, etc. – je ne cite que ceux que je connais –, les traditions se sont perpétuées, légèrement modifiées par la personnalité de chacun. Aucun acteur plus que le clown n'est lié aussi étroitement au respect de la tradition. Le clown joue une partie de pelote où les spectateurs font un mur qui ne lui renvoie pas la balle. La piste, semblable à une planète sans saisons, ne se prête ni aux décors ni aux accessoires compliqués. Et les clowns ne peuvent interpréter la vie que dans l'expression d'un sentiment bien humain : la joie réellement franche devant l'infortune d'autrui. Un clown parleur me rappelle toujours le goupil Renard et le sympathique idiot qu'il tourmente, un de ces personnages, bâti autour d'un tube digestif, dont chacun de nous saurait faire un souffre-douleur. Dès que les hommes vivent en communauté, comme au lycée ou au régiment, par exemple, on ne tarde pas à découvrir un clown parleur et un Auguste. L'art humoristique des clowns est celui qui agit le plus puissamment sur la nature humaine. Il faut se surveiller sous la lumière du cirque si l'on ne veut révéler dans le rire les points faibles où le vernis est de moins bonne qualité. Le rire se montre un révélateur indiscret comme le sommeil; il anime les visages autour de la piste par des expressions souvent tenues secrètes dans l'atmosphère quotidienne où l'on soigne les apparences. J'ai vu rire des femmes qu'un miroir reflétant leur joie eût couvert de confusion, car, au cirque, le spectateur redevient un homme étonnamment primaire mis en contact avec un art rude et, lui aussi, singulièrement primaire. Ce qui est remarquable dans le comique des clowns, c'est qu'il est totalement dégagé de toute littérature. Il est mauvais conducteur de la littérature et ce n'est pas faute que l'on n'ait essayé d'établir le courant. Un clown et un Auguste, en deux cris professionnels, réduisent toute une salle au même dénominateur, associant, dans une diminution ou un abolissement de l'intelligence, des hommes, des femmes et des enfants.

Le cirque, par sa forme, devient un symbole de perfection, dans son genre. Et les gardiens de cette perfection portent toujours le costume traditionnel : l'éblouissant costume pailleté de François Fratellini, la défroque de l'Auguste Albert, qui s'est composé une tête de dieu nègre pour mieux faire valoir, sans doute, l'honnête silhouette de notaire à cervelle de hanneton que Paul, l'aîné des trois frères, promène sur la piste de Medrano, cernée par des spectateurs aux visages plus déformés que les leurs.

Pierre Mac Orlan,
Les Nouvelles littéraires,
16 juin 1923

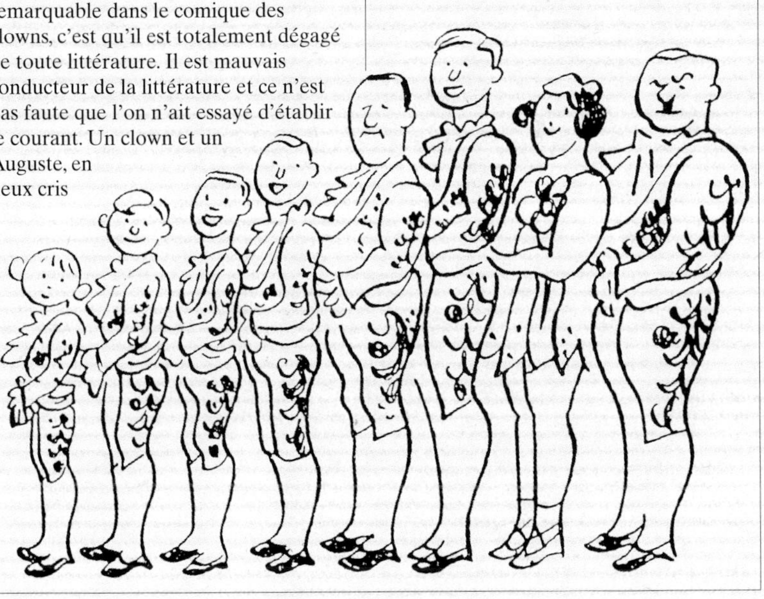

«Le plus fort jongleur du monde»

«On sent qu'il possède une force magique, recelée aux paumes de ses mains : tout ce qu'il touche est pris, soudain, d'une vie ardente et fiévreuse, s'émeut, s'envole, monte encore, sans que nul ne discerne l'effort de ses paumes mystérieuses.» (Jacques Feschotte, 1932)

J'avais eu l'occasion de voir travailler Rastelli à l'Alhambra de Paris quand ce music-hall appartenait encore à une société anglaise. J'étais bien jeune alors et mon beau-père qui était allé voir le programme m'avait emmené avec lui. Rastelli m'avait prodigieusement intéressé et quand je le revis à Berlin je me demandai pourquoi personne ne l'avait plus engagé à Paris et particulièrement l'Empire qui était à l'affût de toutes les grosses attractions. Parce que les gens n'aiment pas les jongleurs? Mais Rastelli n'était pas un jongleur comme les autres. Le moment venu, je fis pour Rastelli une énorme publicité et bientôt sur tous les murs de Paris on put lire : «Rastelli le plus fort jongleur du monde. » J'ai toujours eu horreur des superlatifs car dans la vie rien n'est absolu; on trouve toujours plus fort que soi. Mais en l'occurrence, je ne pouvais faire autrement : je ne mentais pas. La meilleure preuve, nous l'avons aujourd'hui au moment où j'écris ces lignes : cinquante années se sont écoulées et aucun jongleur au monde n'a encore pu égaler Rastelli, même partiellement. Seulement si je ne mentais pas, fallait-il encore que le public me croie.

C'était la première fois que j'engageais une vedette et je me préparais à faire bien les choses. Je reçus donc Rastelli à son arrivée à Paris et le conduisis au cirque où je lui fis les honneurs de la maison. Il était très simple. Il n'était accompagné que de sa femme, de son père et d'un cousin qui tous les trois l'assistaient dans son numéro. [...] Rastelli était un homme très distingué et d'un commerce très agréable. Très facile à vivre, il était d'une honnêteté et d'une correction parfaites et j'eus l'occasion de le voir à

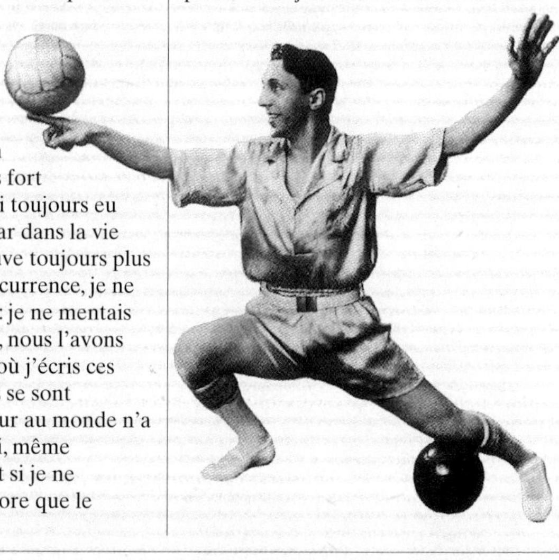

l'épreuve. Je n'eus jamais l'ombre d'un différend avec lui. Aux répétitions, il prodiguait ses conseils à des jongleurs venus pour le voir répéter, pour leur faciliter la réalisation de certains exercices.

Dès le premier soir, il remporta un succès incroyable. Après quarante minutes de jonglage (oui quarante minutes!) le public criait Encore! Encore! C'était fabuleux! Ce qui l'était moins, c'est qu'au bout de deux semaines la prophétie de Dufrenne et Varna semblait se réaliser et les recettes n'avaient pas augmenté. Nous avions entamé la troisième semaine dans les mêmes conditions et, si j'étais catastrophé et vexé dans mon amour propre, Rastelli était un peu déçu. Le samedi et le dimanche furent, comme d'habitude à cette époque, toujours excellents, mais le lundi et le mardi n'apportèrent pas une amélioration sensible. Puis soudain le mercredi, le dix-neuvième jour du contrat de vingt-huit jours, sans que rien ne le laisse prévoir, la salle fut pleine et on refusa ensuite du monde à toutes les représentations jusqu'au dernier jour du programme. L'enthousiasme du public – et le nôtre, donc! – était à son comble et on aurait pu prolonger son contrat, mais Rastelli n'était pas libre. Je lui offris donc un nouveau contrat pour l'année suivante. Mais je n'avais pas été assez rapide et je n'avais compté avec la rouerie et le sens commercial de Dufrenne et Varna qui eux ne connaissaient pas la droiture de Rastelli. Il vint me trouver un soir au bureau au début de la représentation : «Monsieur Medrano, me dit-il, vous êtes le seul qui ayez cru en moi. Vous avez pris un risque considérable et vous avez gagné. Aujourd'hui, Audiffred vient de me proposer un contrat pour l'année prochaine à l'Empire à 6 600 francs par

jour. Il n'est pas juste qu'il profite de ce que vous avez fait. Je n'accepterai ce contrat que si vous ne voulez pas de moi, sinon il va sans dire que je vous donne la préférence mais vous comprendrez aussi qu'il faut que ce soit au même prix. Je crois que je vous rapporterai la différence et aussi ce que vous n'avez pas gagné cette fois-ci.» J'acceptai sans hésiter. Nous nous serrâmes la main et prîmes rendez-vous pour signer le contrat le lendemain.

Plus tard, le même soir, avant le numéro de Rastelli, je vis arriver en costume de travail Madame Rastelli, l'air tragique qui me dit que son mari ne pouvait pas accepter le contrat dont nous avions parlé, car à l'Empire, avec Enrico, ils engageaient aussi le numéro de clowns de ses parents, les Price.

Si j'avais pu, à la rigueur j'aurais engagé les Price, mais à l'époque nous avions des équipes de clowns importantes engagées pour plusieurs années et ne pouvions pas en prendre une en supplément. D'autant plus que j'étais sûr d'avance que ce serait un «bide» retentissant. Il m'était difficile de faire comprendre cela à Madame Rastelli surtout dans l'état de surexcitation dans lequel elle se trouvait juste avant le numéro de son mari. J'étais très ennuyé et ne savais pas trop comment me sortir de cette situation lorsque la porte du bureau s'ouvrit brusquement et qu'apparut Rastelli, tout prêt à… entrer en piste, mais l'air très contrarié. «Que fais-tu là, Henrichetta? demanda-t-il à sa femme. – Je suis venue au sujet du numéro de mes parents… – Je t'avais dit de n'en rien faire. Je t'en prie, sois gentille. Descends cela va être à nous», l'interrompit-il fermement mais avec sa courtoisie coutumière en la poussant vers la porte. Puis à moi, en essayant de sourire : «Monsieur Medrano, il faut excuser ma femme. Il n'y a rien de changé à ce que nous avons dit. Je connais votre position et vous pouvez compter sur moi comme convenu. À demain.» Le lendemain, le contrat fut signé. Ne l'aurions-nous pas signé, Rastelli serait venu quand même car il avait donné sa parole.

Rastelli était aussi extraordinaire dans la vie que sur la piste ou sur la scène. Dans la vie, il avait le respect de la parole donnée et, sur la piste, il ignorait le truquage et déconseillait aux jeunes artistes d'y avoir recours mais il répétait cinq heures tous les jours où il n'y avait pas de matinée. Pendant ses répétitions il venait parfois des visiteurs de marque ou des gens qui avaient un intérêt professionnel pour le travail de Rastelli.

Je me souviens qu'un jour toute l'équipe première du Racing Club de Paris vint le voir et il organisa avec les joueurs une démonstration de dribbling, en jonglant avec le ballon, qui était inconnu à ce jour. Aujourd'hui tous les joueurs professionnels le pratiquent, mais pas au même degré que Rastelli. Toutefois il ne tenait pas à faire ce genre de démonstration car il redoutait toujours un mauvais coup à ses bras ou à ses jambes qui l'aurait immobilisé ou gêné pour son travail. Il revint donc l'année suivante le 18 septembre 1931 et le cirque n'eut jamais une place libre pendant les cinq semaines de son séjour. Un soir, je dus faire donner un strapontin de service à Mme Yvonne Printemps pendant que Noël Coward, qui l'accompagnait, restait debout dans un vomitoir.

Le numéro de Rastelli tenait du surnaturel. Ne souriez pas : des salles entières pendant des semaines n'ont pas pu se tromper et il est regrettable qu'il n'ait jamais voulu laisser filmer son numéro. On peut aimer ou ne pas aimer un artiste. Pour Rastelli la question ne s'est jamais posée : il a toujours fait l'unanimité de tous ceux qui l'ont vu. Jamais, même pour un seul exercice ou dans sa façon de se présenter, aucun jongleur n'a approché Rastelli et il est ridicule de soutenir le contraire. Rastelli était aussi bien jongleur qu'équilibriste ou antipodiste et il était étonnant de voir cet homme qui ne conduisait jamais pour ne pas durcir les muscles de ses avant-bras, faire un équilibre sur un bras sur une sorte de potiche placée sur une table roulante avec une coupe en équilibre sur la tête tout en faisant tourner une grande barre sur ses pieds et en jonglant à l'envers de l'autre main avec trois balles sur un petit tambour alors que l'on tirait la table vers la sortie de la piste tandis qu'elle tournait sur elle-même. Il faisait d'autres exercices du même genre en équilibre de tête en jonglant avec des balles à l'envers et en faisant tourner un cerceau sur chaque pied. Je veux mentionner ici un exercice que Rastelli n'a jamais présenté dans son numéro estimant qu'il «n'avait pas ce truc assez sûr» et de ce fait peu de personnes l'ont donc vu. Sa femme et son partenaire tenaient chacun l'extrémité d'une longue corde qu'ils faisaient tourner et Rastelli sautait à la corde sur un pied en tournant sur lui-même et en faisant tourner un cerceau sur l'autre pied tout en jonglant avec dix assiettes et en faisant sauter un ballon sur son front. C'était tout simplement fantastique.

Il m'avait demandé de ne prévoir aucun numéro aérien pendant la durée de son deuxième contrat car il avait l'intention de terminer son numéro par un jonglage de torches enflammées dans l'obscurité et il avait besoin d'avoir la coupole dégagée. J'avais accédé à son désir tout en pensant que nous aurions pu envisager un numéro travaillant très haut, car je n'aime pas un spectacle de cirque sans au moins un numéro aérien. Je compris qu'il avait raison à la répétition générale le jour de son début. Du sol au plafond de la coupole il y avait exactement vingt mètres. Je peux assurer qu'il ne s'est pas passé de représentation où les dernières torches ne soient montées à 18 mètres. […] Le jonglage des torches enflammées dans l'obscurité totale – les musiciens avaient appris la musique par cœur – était féerique et le public scandait la mesure lorsqu'il sortait en sautant en faisant à chaque pas passer une torche par-dessous sa jambe et, émerveillé, l'applaudissait debout et réclamait : «Encore!» Un tel triomphe pour un jongleur était tout simplement fabuleux.

Rastelli était réengagé pour le 3 novembre 1933. Mais Paris ne le revit jamais. Il mourut d'un accident stupide à 37 ans chez lui, à Bergamo, en Italie, où il est enterré. Il avait profité de quelques jours de répit pour venir s'y reposer et donner en même temps une représentation de bienfaisance dans un théâtre : c'était la première fois qu'il se produisait dans sa ville. Il est mort à l'apogée de sa gloire et c'est peut-être très bien ainsi. On imaginerait mal un Rastelli vieilli et amoindri. Rastelli était un artiste absolument complet dans son genre. Il reste et restera probablement longtemps la plus grande figure du spectacle de cirque et de variétés.

Jérôme Medrano,
Une vie de cirque,
Arthaud, 1983

Les mémoires d'un dompteur

À une époque où la simple annonce d'un numéro de dompteur faisait courir les foules, Bidel s'enorgueillit d'un parterre de personnalités venues saluer l'affrontement de l'homme et des fauves. À plus d'un siècle d'intervalle, Alfred Court nous fait partager la même passion.

De la jungle à la cage

Mon retour à Paris fut une fête. J'étais heureux de revoir la France. [...] La foire du Trône me fut propice. Ce n'était qu'une halte, avant l'ouverture de l'Exposition, mais la meilleure des haltes.

Le 1er mai se leva. Je louai un terrain entre l'Hippodrome et le Trocadéro, dans la rue qui portait encore le nom de Morny. Les frais étaient lourds. Quand, pour la première fois, je rouvris mes portes, j'avais dépensé cent vingt mille francs; six lions, achetés en Afrique, figuraient dans ce total pour cinquante mille. Ces nouveaux serviteurs se firent passablement attendre. Tous les capitaines de navire n'étaient pas désireux de ces passagers, qui durent faire un détour par Londres. Enfin! ils furent annoncés, et aussitôt le public fut prévenu que j'entrerais chez eux, le jour même de leur arrivée. «C'est de la folie!» me disaient mes amis. Baste! j'en avais vu bien d'autres, et je tins parole.

À la date fixée, je renouvelai mon avis. Une foule énorme accourut, cette foule friande des dangers sanglants, que l'Espagne voit aux tauromachies. Je reconnus Gambetta, Émile de Girardin, le prince de Galles, cent personnalités portant leur nom sur leur figure, et ma fameuse Anglaise, qui depuis mon

mariage, avec son espoir singulier d'assister à ma mise en pièces, n'avait jamais manqué une représentation à sensation. Il y eut des émotions.

Quand les six rois du désert, effarés, parurent, plus d'un frémit dans la salle. Je les saluai à coups de cravache, les forçant à défiler devant moi, à sauter par-dessus les barres appuyées aux

parois. Ils bondirent, rugirent, fouettant l'air de leur queue, bousculant tout sur leur passage désordonné. Soudain, les lanternes s'éteignirent. Je restai dans ce tête-à-tête obscur, menacé et menaçant. Et je l'emportai. J'acculai dans un coin cette meute féroce, une porte s'ouvrit sous un coup de pied vigoureux, et je les chassai, par l'issue improvisée, comme des petits chiens qui n'ont pas été sages. Les spectateurs, muets et terrifiés, se reprirent alors, et ce fut une tempête qui m'acclama. La cause était gagnée. Pendant six mois elle le fut, tous les soirs, et j'allai, vers octobre, quand la fête internationale fut sur le point de se clore, transporter mes lares boulevard de Clichy, où je subis le froid effroyable de l'hiver de 1879. Là, j'eus la visite de Mme Rousseil qui, en costume, au milieu de mes fauves domptés par mon regard, récita «Melpomène». Que d'autres, après elle, s'imaginèrent de l'imiter!

Bidel, *Les Mémoires d'un dompteur*,
Librairie de l'art, 1888

Le baiser de la mort

Par contre, je ne conseillerai à personne d'embrasser le museau d'un tigre en furie, ainsi que je l'ai fait souvent.

Un seul félin s'y prêta, dans toute ma vie de dompteur, un des sept de ma pléiade, le nommé Radja. Là aussi, un bienheureux hasard me favorisa.

L'histoire avait pourtant mal débuté. Un matin que je circulais dans la cage, avec Maouzi en tour de cou, le tigre Prince quitta sa place sans permission et Radja crut bon de l'imiter. Je n'aimai pas ces façons d'école buissonnière, car, entre les tigres, la bataille est plus rapide que la foudre, surtout quand le dompteur n'a pas les mains libres.

La récidive valut à Radja, le lendemain, un fameux coup de fouet sur les fesses. Surpris et furieux, il fonça sur moi et, dans une charge enragée, m'obligea à traverser toute la piste en courant à reculons. Acculé au fond de la cage, je lui tendis mon bâton à mordre par le travers et je parvins ainsi à l'arrêter. Mais la canne volant en morceaux, deux coups de pattes me passèrent bien près du nez.

Ne pouvant plus reculer, je lui assenai un coup de manche de fouet sur le museau. Précipitamment, Radja se retourna et, en deux bonds, regagna son tabouret. Je lui emboîtai le pas, claquant du fouet. Sitôt assis, lorsqu'il me vit à moins d'un mètre de lui, il poussa, au comble de la colère, quelques rugissements formidables.

Puisqu'il avait subi sa punition et qu'il avait rejoint sa place, je cherchai à l'apaiser.

Changement de ton et d'attitude, je restai face à lui, paisible, et je lui dis doucement :

– Bravo, Radja! Pfrrr, pfrrr! Bravo, Radja!…

Que se passa-t-il dans son esprit? Je ne sais. Ce tigre qui, une seconde auparavant, l'oreille basse, l'œil hagard, rugissait de furie, cherchant à me déchirer, se calma immédiatement. À mon troisième «Pfrrr», le regard s'adoucit, le poil redevint lisse et Radja répondit à mes avances par un ou deux «Pfrrr» bien marqués, signifiant, à ne pas s'y tromper, que nous redevenions bons camarades. Je restai là, face à lui, le flattant, le caressant gentiment sur le nez avec le manche de mon fouet.

«Radja venait de me révéler un «filon» à exploiter»

Il fallut attendre la répétition du lendemain. Il recommença son escapade, je le laissai faire. Sans me presser, je finis l'exercice prévu avec Maouzi. Puis, comme la veille, Radja reçut un bon coup de fouet. Il me fonça dessus, mais, fort de l'expérience acquise, j'arrivai à l'arrêter. Au moment où je levais mon

bâton, il sauta sur son tabouret. Je le suivis et, sans plus attendre, j'entrepris de lui faire comprendre ma satisfaction. Il semblait que sa colère était liée à la mienne. Aussitôt que je m'apaisais, il faisait de même.

Après quelques jours, cela devint une «routine» du numéro. Dès que je m'approchais de lui, l'encensant de «Bravo, Radja! Pfrrr, Radja!», il tendait sa tête vers moi, mendiant les caresses, si bien que chaque jour nous étions plus près l'un de l'autre.

Petit à petit, j'approchai ma tête de la sienne et, un beau jour, deux secondes après que Radja eut poussé le dernier des rugissements de colère, ô beauté du contraste! il tendit sa gueule vers moi. Nous étions nez à nez, à moins de trente centimètres : avançant encore, je l'embrassai, collant mes lèvres sur ses narines aussi humides que salées.

Alors, les spectateurs déliraient d'enthousiasme. Sans doute faisais-je preuve de beaucoup d'imprudence, car, en dépit de nos relations courtoises, Radja pouvait se raviser soudain et, dans la position que j'occupais devant lui, prendre ma tête dans sa gueule ou m'ouvrir le crâne avec sa patte.

Mes sept tigres! J'en arrivais quelquefois à les considérer comme des bêtes «de tout repos». Or, plus tard, Bengali tua le dompteur Mollier et le dompteur Vanick; Cambodge me sectionna un bout de l'index, avala l'ongle et trois jours plus tard – honni soit qui mal y pense! – mourut d'une péritonite; à deux reprises, César blessa grièvement le dompteur Votjek Trubka, et à Brahma, qui m'attaqua par derrière, jouant de moi comme le chat avec une souris, je dois un bon mois de souffrances à l'hôpital.

«Certains spectateurs mesuraient parfaitement mieux que moi peut-être le danger auquel je m'exposais.»

Je me souviens d'un soir, à Toulouse, un public en or, violent, ardent, comme à un spectacle de corrida. Dans la griserie des bravos, je poussai les tigres un peu fort. Radja fit son «appel» [*un appel est un «truc» de dressage dans lequel on provoque le fauve à charger contre son dompteur*] en férocité; mais lorsque je l'approchai, il ne répondit pas à mes «Pfrrr». Je l'avais un peu trop bousculé, il boudait et refusait le baiser. J'eus le tort de n'y prendre pas garde.

À l'instant où j'approchais mes lèvres du museau du tigre, un violent coup de patte fendit l'air, suivi d'un rugissement.

J'eus le temps de baisser suffisamment la tête pour éviter d'avoir le crâne en bouillie, pas assez cependant, puisqu'une belle estafilade sur la tête rougit de sang ma chemise de satin blanc.

J'enchaînai, comme on dit au théâtre, sans frapper Radja, car le seul coupable c'était moi. Les Toulousains me firent un triomphe qu'aurait envié le meilleur ténor du Capitole.

Le lendemain, dès l'ouverture des guichets de location, quatre Américains se présentèrent et demandèrent à retenir une loge pendant une semaine entière. Or, le Zoo-Circus quittait Toulouse trois jours après.

– C'est sans importance! dirent les Américains, nous avons une auto confortable. L'essentiel est de suivre le cirque. Jamais nous n'avons vu un tigre manger son dompteur et le vôtre ne paraît pas devoir nous faire attendre plus de huit jours.

Ils ne plaisantaient pas, louèrent leurs places et payèrent comptant. J'arrivai sur ces entrefaites, le crâne entouré de pansements. Tout en me félicitant de mon courage, à grand renfort de poignées de main, ils ne dissimulèrent pas leur macabre espoir :

– Gentlemen, ripostai-je aimablement, avec des clients aussi fidèles que vous, le cirque ne peut manquer de faire fortune. Si vous désirez me voir, de vos yeux, réduit à l'état de bifteck saignant, louez donc une loge pour toute la saison, ce sera plus sûr.

À la représentation suivante, je menai mes tigres selon le scénario habituel. […] Enfin, arriva le moment crucial : celui du baiser. Voulez-vous tout savoir? Oui, j'ai marqué un peu d'hésitation. Face à Radja, il me semblait entendre les battements de son cœur plus distinctement que ses «Pfrrr», Radja dut les multiplier, leur donner de l'intensité et même un brin d'insistance. Quand mes oreilles furent convaincues du sérieux de l'invitation, je collai mes lèvres sur le museau du tigre.

Pendant une semaine, je déçus ainsi les spectateurs américains, qui me voyaient déjà au paradis des bêtes et des dompteurs.

Alfred Court, *La Cage aux fauves*,
Éditions de Paris, 1953

Les Fratellini

Une famille d'artistes qui sillonne l'Europe, qui s'attarde en Russie. Trois frères qui, très tôt, comprennent qu'ensemble ils pourront conquérir les pistes du monde entier.

Ainsi nous avons toujours vécu parmi les malles, les valises...

… sans qu'il fût jamais question de s'installer quelque part. Nous ne nous étonnions pas quand maman rassemblait nos jouets et nous disait de faire nos adieux à nos petits camarades. Nous n'en ressentions pas le moindre chagrin, car pour nous l'humanité ce sont ces gens agglomérés sous le chapiteau qui passent et se dispersent comme une volée d'oiseaux dans le ciel de printemps.

Les petits Fratellini n'avaient pas la moindre exigence – ils ne récriminaient pas. Considérant comme naturelles ces allées et venues incessantes d'un bout à l'autre de l'Europe, on aurait tort de nous plaindre, car, dès notre plus jeune âge, nous n'avions pas de plus grande joie que de partir vers ces pistes de sciure qui sont, pour les gens du voyage, la terre natale et le lieu de rassemblement.

Mon père était un artiste de premier ordre. Ses numéros étaient réglés avec soin et, comme nous il eut toujours le souci de se renouveler – avec ses partenaires d'abord, Romoli et Jacky, puis avec Louis, Paul, François et moi. Nous lui étions un précieux appui dans les pantomimes et dans tous les exercices acrobatiques où nous étions passés maîtres. Mon père nous a introduits dans tous les grands cirques : ceux de Schumann, Ciniselli, Salamonsky, Hertzoy, Corty, Althoff, Busch, Carré, Blumenfeld, Nikitine, Beketow, Franconi.

Il y eut aussi le Cirque Belzanno, mais cela c'est une autre histoire. Mon père, abandonné une fois de plus par ses coéquipiers, avait été contraint d'accepter un emploi de régisseur de piste qui ne lui permettait guère de subvenir aux besoins de la famille. Belzanno, qui nous avait vu travailler et qui fut peut-être un des premiers à pressentir notre vocation de clowns, demanda donc à Gustave Fratellini de préparer quelques entrées comiques qu'il pourrait faire avec ses enfants.

Il ne s'agissait pas d'inventer des «entrées». Nous n'en avions pas le temps, et il existe au cirque tout un répertoire où l'on puise depuis des générations. C'est un canevas sur lequel tout le monde brode à sa fantaisie. «Les Vivants et le Mort» en est un, «Le Barbier» en est un autre, ainsi que « La Chandelle» que le tireur s'efforce d'éteindre, tandis que son partenaire l'avale. (Combien de milliers en ai-je avalé, ô public?)

Puisant parmi les costumes que Belzanno avait mis à notre disposition, nous nous affairions à répéter dans la petite chambre de l'auberge du Twer, adoptant des emplois que mon père nous distribuait en pleine connaissance de cause, merveilleusement instruit qu'il était des qualités des uns et des autres.

Le premier soir, ce fut un triomphe, qui ne se démentit pas. Nous étions aux anges, et il fallait voir cette petite troupe pétulante se congratuler dans les coulisses des bourrades affectueuses.

De ce lointain épisode de notre vie, je retiendrai surtout le fait que les Fratellini comprirent que cette collaboration fraternelle pouvait nous conduire à un avenir glorieux, pourvu que nous nous y tenions.

Le gros Paul, déjà placide et pince-sans-rire, n'avait pas encore revêtu le frac du «notaire», et, bien entendu, mon visage d'illuminé n'existait pas. Mais François, le vif-argent, le feu follet, avec ses allures de prince de légende, sa dextérité, sa finesse, avait déjà sur le public ce pouvoir d'enchantement qui devait un jour en faire une des grandes vedettes du cirque.

Donc, pour nous, tout allait bien. Si bien même que Salamonsky, toujours à l'affût de nouveaux talents, était venu nous voir dans notre nouvel emploi. Conquis, enthousiasmé, séduit, il avait proposé, derechef, un engagement à la petite troupe.

– Si vous le voulez, Fratellini, je vous enlève. Je mets une troïka à votre disposition, et en route!

– Impossible, monsieur Salamonsky.

– Et pourquoi?

– Notre contrat ne nous le permet pas.

– On m'a dit cependant que Belzanno était à bout de souffle et qu'il ne payait pas ses artistes.

– C'est vrai, mais nous ne perdrons rien pour attendre, nous assure-t-il.

– Ouais! Il me semble que le fait qu'il ne tient pas ses engagements résilie de plein droit le contrat. Je vais arranger les choses.

Là-dessus, il donna à mon père certains conseils, peut-être pas très honnêtes, mais qui nous permettaient en tout cas de ne pas laisser trop de plumes dans cette aventure. C'est ainsi que, empilant nos affaires dans des caisses, nous remplîmes de pierres nos malles et

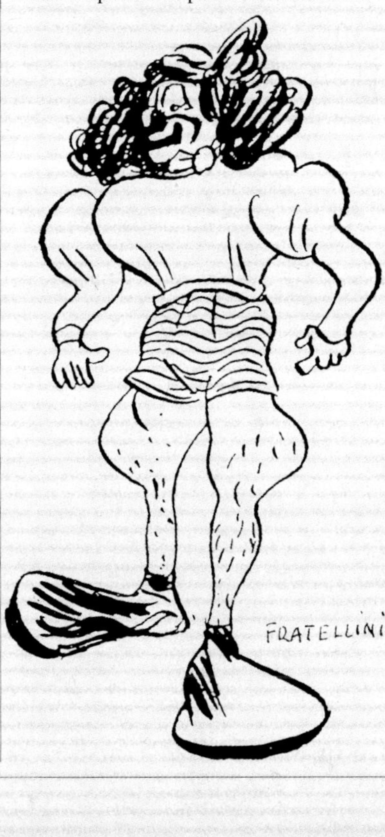

nos valises, afin de ne pas donner l'éveil sur notre départ. Nous les abandonnâmes dans notre roulotte avant de prendre le large. […]

Le choix de l'habit de clown

Comment ai-je eu l'idée de me fabriquer cette trogne d'hurluberlu? En me rappelant tout simplement que le mot clown signifie en anglais «paysan, rustre, grotesque». […] N'ai-je pas bien compris la leçon et, sous ma défroque ridicule, avec mon air hébété, ma sottise invétérée, symbolisé ce spécimen d'humanité qui, ne donnant pas motif à pleurer, ne peut que prêter à rire?

Je relève d'ailleurs que, pour tous les enfants qui m'ont vu, j'ai toujours été «le vilain». Combien de fois ne les ai-je pas vus me montrer du doigt en me désignant ainsi?

Il devait avoir à peu près la même allure que moi, ce lointain confrère qui se présentait sur la piste, vers 1800, sous l'apparence d'un rustaud dans une parodie qui portait le nom de «Claune», déformation du nom anglais de clown.

Ensuite le clown devait évoluer dans une autre direction, pour aboutir à ce personnage en costume à paillettes, embarrassé par son trop riche vêtement et qui n'ose pas bouger de peur de le gâcher – et tout juste bon aujourd'hui pour la parade. François ne concevait pas les choses ainsi. Ses costumes étaient sobres et élégants, mais ils n'étaient pas si luxueux qu'il lui fût interdit de garder sa liberté de mouvement. Et il n'a jamais craint de se salir d'une manière ou d'une autre. Ce n'est pas le costume qui fait le clown, mais la personnalité de celui qui le revêt.

En voyant François faire l'auguste à Londres, j'avais compris qu'en exagérant, par opposition, le déguisement et le maquillage de l'autre, en alliant la finesse à la plus épaisse bêtise, on créerait une opposition, un contraste, qui ne manqueraient pas de faire un «boum» sur le public.

Je m'étais donc mis à vagabonder du côté de Spitalfieds, de Bethnal Green et de White Chapel, entrant dans les pubs pour y observer – comme je les ai observés dans les brasseries de Hambourg, le Bario Chino de Barcelone, les bars de Pigalle et dans tous les quartiers réservés du monde – cette humanité déshéritée qui, en marge des lois et de la société, s'est fabriquée un mode de vie spécial et vit surtout de la débrouille que les journalistes appellent «un trafic peu avouable». Mes goûts m'ont toujours porté vers les petits bistrots sans fastes ni cuivres étincelants, où l'on s'accoude au bar sur le marbre, avec tous ces braves gens qui me reconnaissent pour

un des leurs, parce que, comme mon personnage, on aura beau leur donner des coups de pied au derrière ou les considérer comme des minus, ils n'en perdront pas pour cela leur bonne humeur et leur confiance en la vie. […]

On me rappelait mes facéties, mes trouvailles comiques.

– Albert, me disait-on, ferez-vous le même numéro demain? Votre coup du balai était sensationnel!

Nous avions imaginé, en effet, François et moi, de nous maquiller en Arabes pour une parodie, après un numéro de sauteurs algériens. Nous nous présentions dans la même tenue qu'eux, mais habillés de façon grotesque et deux balais immenses entre les mains avec lesquels nous faisions voltiger la sciure de la piste jusque dans les gradins. Cela remportait un énorme succès.

– Moi, je veux bien, mais le directeur me l'a interdit.

– Comptez alors sur nous, me dit ce soir un vieil homme, nous nous rendrons en masse au cirque et nous exigerons ce numéro.

Celui qui me parlait avait les pieds nus dans d'énormes ribouis, percés de part en part et laissant déborder ses doigts de pied. Un pantalon, trop large pour lui, descendait en vrille sur ses godasses. Ce pantalon bâillait largement à la place de la ceinture. Mon interlocuteur portait, en outre, une redingote verdie et élimée dont les manches recouvraient presque entièrement ses mains et dont les pans frôlaient le sol. On aurait dit un héron empaillé, avec son long nez planté dans sa figure, comme un fanal.

«J'ai envie de faire autre chose sur la piste», lui dis-je en posant quelques shillings sur le zinc, et j'ajoutai : «Vendez-moi vos habits.» Le marché fut conclu, et nous échangeâmes nos vêtements. J'avais l'air d'un épouvantail à moineaux. Pour compléter le personnage, je fis exécuter, par un spécialiste, une paire de chaussures d'une taille démesurée, que je payai une somme qui représentait une centaine de francs. Ces godasses complétèrent ma

Reconstitution d'une loge à partir des souvenirs et objets ayant appartenu aux Fratellini.

silhouette. Elles connurent les pistes d'Europe. Naturellement elles ont fait des petits, mais beaucoup plus exigeants que les autres, puisque les dernières que j'ai commandées me coûtèrent plus de dix mille francs.

Journées de banquistes

À peine le public a-t-il évacué le chapiteau, après la représentation, que les «tchécos» – c'est-à-dire ceux qui forment l'équipe de montage et de démontage et qui à l'époque remplissaient en outre le rôle de plombiers, machinistes, charpentiers, musiciens de l'orchestre décrochent les tentures, emballent les accessoires de la piste, donnent leur pâture aux chevaux et aux fauves et les renferment ensuite soigneusement dans leurs voitures à roulettes.

Il est à peu près une heure du matin. Les artistes achèvent de se démaquiller, en grignotant ce qui leur tombe sous la main. Puis les rideaux sont tirés et les lumières s'éteignent. Mais, sur la piste éclairée, à l'époque, par de maigres quinquets, les «tchécos» s'affairent au démontage des gradins, du chapiteau, des quatre mâts.

Deux heures plus tard, il ne reste plus rien de la vaste toile où se pressaient, tout à l'heure, des milliers de spectateurs. Tout est empilé, entassé dans les vastes remorques. Et le gigantesque et rapide travail s'est effectué presque sans bruits : l'habitude et le respect du sommeil des habitants!

Il y a parfois, cependant, quelques

incidents. C'est ainsi que nous vîmes, en Russie, la tente qui nous abritait se volatiliser au-dessus de nous, tandis que nous nous retrouvions, à demi-nus, sur la place publique, transis par le froid qui sévissait alors. On nous avait cru partis!

De trois heures à cinq heures environ, tout dort. Mais, à six heures, c'est le grand branle-bas. Le village ambulant s'éveille. Les chevaux s'ébrouent en piaffant. Les moteurs ronflent. On entend crier à la ronde : «Au jus, là-dedans!» Après le café, le convoi se rassemble sous la direction du chef des transports. Les tracteurs vont s'atteler aux remorques et aux roulottes. Un coup de sifflet retentit et les innombrables voitures s'ébranlent à petite allure. […] Au matin, on parvient enfin dans la ville-étape, comme on dit au Tour de France. Déjà, derrière la mairie, la ménagerie est montée. Il ne reste plus qu'à décharger, sur la grand-place, les six cents tonnes de matériel. Le miracle quotidien va s'accomplir. Sous les yeux du public, une ville de travail et de plaisir se construit.

Vers onze heures, les mâts, surmontés de banderoles, se dressent dans le ciel. La piste se dessine. La toile couvrant le chapiteau se détend et monte au rythme lent des palans.

À midi, un coup de sifflet annonce la pause. Tout est terminé apparemment. En fait, le cirque n'est qu'un immense vaisseau vide.

Au début de l'après-midi, les artistes flânent aux abords des roulottes. Les gosses jouent, les femmes font la lessive. Les écuyères se détendent. La piste garnie de sciure est prête.

Vers trois heures, c'est la répétition générale. Branle-bas de combat! Tout le monde sur le pont! Il faut mettre au point les numéros. Les acrobates décrivent, sous les cintres, des arabesques; les écuyères bondissent auprès des débutants attachés à la longe, qui évite les chutes dangereuses.

Les acrobates se disloquent dans un coin; dans un autre, ceux du main-à-main s'échauffent.

À quatre heures trente, tout est prêt. Le chef de la ménagerie court le pays à la recherche de victuailles variées : du foin, de l'avoine, de la paille, de la viande surtout, pour les fauves. Et pas de viande grasse!

À sept heures, les «tchécos», sales et débraillés tout à l'heure, se sont transformés en gentlemen impeccables. Alignés à l'entrée, dans leur costume rouge à boutons d'or, ils accueillent le public, tandis que dans les roulottes on se farde et s'habille pour la représentation.

Albert Fratellini,
Nous les Fratellini,
Grasset, 1955

Clowns sans frontières

«Parce qu'une aide morale est aussi importante qu'une aide matérielle, nous voulons offrir rêve et rires aux enfants dont l'ordinaire est fait de larmes, apporter des moments de joie et de fête aux populations victimes de la guerre, de la misère ou de l'exclusion et réveiller chez les artistes locaux l'envie de créer.»

Et soudain surgit le clown

Magistrat et vice-président de la commission d'enquête sur les détentions arbitraires de l'ONU, Louis Joinet rend ici hommage à l'action de Clowns sans frontières.

De missions en missions, au nom de l'ONU, je suis allé ici ou là, de situations de guerres en conflits de crise, dans ces pays où trop souvent persécutions, discriminations, épurations sont le lot quotidien des gens que l'on croise. Je ne puis oublier en parcourant ces champs de ruines, en croisant ces cohortes de réfugiés, en traversant les mille tentes de leurs camps, le vide des regards, de tous les regards, ces milliers de lèvres qui ont perdu l'usage du sourire comme d'autres perdent l'usage de la parole.

Et soudain surgit le clown, pour un instant de pause. Les regards s'évadent. Le rire succède au sourire revenu par la grâce de ce langage universel du clown qu'est le rire. Il transcende les barrières de la langue et de l'âge lorsqu'en cercle ou à flanc de colline, grands et petits, jeunes et vieux retrouvent un instant de cette paix perdue, avec son «avant» et son «après».

L'avant, c'est l'arrivée surprise de cette petite troupe de comédiens, ce sont la place que l'on nettoie, les affiches que l'on colle, les agrès et accessoires qui intriguent et attirent le public dès le montage.

L'après, c'est le spectacle qui perdure dans la foule parsemée de clowns-enfants, l'un encore maquillé, l'autre avec son bout de nez rouge. Ils se font clowns eux-mêmes pour rire et faire rire.

Amis de Clowns sans frontières, dans tous ces pays où j'ai eu le triste privilège de croiser ces regards vides j'ai souvent regretté – il y a quelques semaines encore sur cette terre brûlée du Timor – que vous ne soyez pas des nôtres, moi avec le langage du droit, vous avec celui du rire. Que nos chemins se croisent et se recroisent !

Louis Joinet,
Clowns sans frontières, février 2000

Après l'Inde et Madagascar, en juin 2001, Clowns sans frontières a choisi l'Algérie comme champ d'intervention.

Ce sont plus de 400 artistes professionnels, totalisant 30 expéditions réalisées en 7 ans dans une douzaine de pays, c'est donc près de 370 spectacles pour un public qui avoisine les 135 000 personnes, les enfants étant le cœur de cible, de ces enfants de chœur au nez bien rouge et au cœur gros comme ça !

Si l'on se met dans un esprit bien entendu à compter combien de rires ils ont déclenché dans le monde, l'exercice serait bien rigolo face au résultat obtenu... Clowns sans frontières, une association artistique humanitaire, ne se lasse jamais d'arpenter le monde, d'évacuer les exclusives et de s'en aller par monts et par vaux à la quête de cette magie transcendante qu'est le rire tous azimuts : Sarajevo, Gaza, le Guatemala, le Costa Rica, la Roumanie, la Mongolie, pour rallier ensuite Alger, le rire sans frontières de cette bande de garnements terribles laisse une délicate humanité qui flotte dans le vent.

Il fait chaud à Alger, cela n'empêche pas du tout Antonin et les autres de déballer, réemballer, monter une scène, démonter, se maquiller, se démaquiller le maximum de fois qu'il est nécessaire pour donner du baume au cœur, on parle beaucoup de cœur dans cette modeste missive, mais le cœur des hommes quand il est dédié au partage peut suffire à des milliers de gens qui ont oublié de rire.

Les Clowns sans frontières viennent recoudre l'espace d'un instant les blessures de l'âme, les scarifications héritées de l'intolérance. Ils viennent ainsi panser les plaies de toutes les plaies qui gouvernent le monde dans la terreur. Peut-être une piètre consolation pour l'effort phénoménal fourni à chaque spectacle, à chaque aller et à chaque retour, frustration de ne pas pouvoir installer le rire de manière permanente, mais plaisir suprême de voir ce dernier prendre l'espace, occuper l'arène.

Les notions de partage, de pérégrinations et d'aventures abordées ici nous feront apprécier les principes de ces clowns sans frontières qui ont aussi des ateliers d'imitation artistique avec des enfants, des jeunes ou avec des socio-éducateurs et animateurs et qui

PARCE QU'IL Y A DES ENFANTS QUI NE RIENT PLUS.

collaborent aussi avec d'autres associations humanitaires. L'une de ces initiatives fait appel à deux immenses clowns algériens, Momo et Ferfour, le blanc et l'auguste. Pendants ultimes dans la scène et dans la vie, ils accompagnent les «Sans Frontières» aux limites des spectacles et des scènes de la BUM de Mohammadia, du Centre spécialisé de rééducation de Birkhadem, un accueil chaleureux et quelques rares moments de bonheur extirpés et volés par Momo et Ferfour et aussi par Horacio à la détresse des filles qui n'ont jamais reçu la moindre parcelle de bonheur. [...]

Les Clowns sans frontières qui ont été invités par le CCF d'Alger avec le partenariat précieux de l'Office Riadh-El-Feth et de l'AFAA (Association française d'action artistique), avec la présence de MSF (Médecins sans frontières) de Belgique, ne manqueront sans doute pas de revenir et de travailler dans des structures encore plus larges avec l'aide du mouvement associatif algérien pour d'autres enfants encore plus dans la pénurie de rire.

J. Gassouma,
La Nouvelle République, 13 juin 2001

GLOSSAIRE

Liste non exhaustive de termes curieux ou amusants et souvent inconnus des amateurs…

Acrobate : Terme générique pour désigner une personne dont la souplesse, l'agilité et la force sont artistiquement mises en valeur. L'acrobatie s'associe à un grand nombre de disciplines du cirque : acrobate au tapis, à cheval, à la bascule, etc.
Antipodiste : Qui jongle avec les pieds.
Auguste : Comique de cirque outrageusement maquillé ou vêtu de façon grotesque.
Avant-courrier : Personnage clé pour la bonne marche d'un cirque ambulant. C'est lui en effet qui contacte les municipalités pour les droits d'installation, repère les meilleurs espaces pour l'affichage, prévoit la nourriture, l'eau, etc.
Banquette : Ensemble des éléments de bois peint recouverts de velours rouge qui délimitent la piste.
Banquiste : Homme de cirque, membre de la «Banque», nom donné aux gens du voyage.
Barrière : Ensemble des hommes en uniforme chargés de veiller au bon déroulement du spectacle et placés à l'entrée des artistes. Autrefois, la tradition voulait que les artistes déjà passés en piste aillent se changer et «fassent la barrière» pour assister à leur tour leurs camarades.
Batoude : Longue planche flexible placée dans les coulisses jusqu'à l'entrée des artistes; relevée à son extrémité, elle est utilisée comme un tremplin pour des sauts tournés par-dessus des hommes ou des animaux.
Chambrière : Long fouet utilisé par les dresseurs de chevaux. C'est cet instrument qui est à l'origine de la dimension internationale de la piste : treize mètres cinquante.
Chapiteau : Tente sous laquelle sont donnés les spectacles des cirques ambulants.
Charivari : Sarabande rapide et acrobatique exécutée par une troupe de clowns ou d'acrobates déguisés, étonnants par leurs costumes et leurs prouesses.
Clown : Terme générique pour désigner un artiste maquillé et vêtu de façon grotesque. En réalité, le clown ne devrait représenter que le clown «blanc» en opposition à l'auguste.
Cône : Chapeau conique en feutre des clowns «blancs».
Construction : Bâtiment provisoire en bois et toile avec une éventuelle charpente métallique, monté pour un spectacle occasionnel et démonté ensuite. Une semi-construction est en revanche une structure analogue mais transportée par le cirque et remontée ensuite.
Contorsionniste : Acrobate spécialisé dans la dislocation de son propre corps.
Contrecarre : Ensemble de toutes les possibilités de concurrence pour gagner les faveurs du public.
Dompteur : Personne présentant dans la cage centrale des fauves dressés.
Entrée : Saynète plus ou moins longue donnée par les clowns.
Entresort : Petite baraque foraine présentant une attraction en permanence : on entre – on voit – et on sort…
Équilibriste : Artiste qui présente divers exercices d'équilibres avec son corps ou des objets variés.
Faire-valoir : Celui qui met en valeur un artiste principal. Le régisseur de piste est souvent un faire-valoir pour certains augustes qui peuvent ainsi se passer de clown blanc.
Fildeériste : Acrobate évoluant sur un fil tendu à environ deux mètres du sol.
Funambule : Acrobate évoluant sur un câble tendu à grande hauteur.
Gardine : Rideau de velours rouge qui sépare la piste des coulisses.
Jongleur : Artiste qui lance en l'air, rattrape et relance les uns après les autres ou simultanément divers objets de forme et de taille variées.
Léotard : Maillot des acrobates, dérivé du nom de son créateur, Jules Léotard, qui inventa par la même occasion le trapèze volant.
Ménagerie : Exhibition d'animaux exotiques présentés dans des voitures-cages ou des enclos.
Montoir : Espace situé entre les coulisses et la piste, là où les écuyers se mettent en selle avant d'entrer en piste.
Monsieur Loyal : Nom générique donné aux régisseurs de piste, généralement en frac, qui présentent un spectacle de cirque traditionnel et en assurent le fil conducteur. Certains servent aussi de faire-valoir à des clowns. Loyal est le nom d'une dynastie de maîtres de manège, devenu un symbole de la fonction.
Pale : Travailler «en pale», en plein air.
Panneau : Large selle plate sur laquelle certains écuyers – ou écuyères – exécutent des acrobaties équestres.
Pantre : Personne qui n'est pas du voyage.
Perpignan : Fouet court à manche en osier tressé, autrefois fabriqué à Perpignan et utilisé par les dompteurs.

Piste : La raison d'être du cirque. À base d'un tiers de sciure de bois et de deux tiers de terre végétale.
Requisit : Accessoire de piste en général; tabouret des fauves.
Sabot : Petite cage mobile utilisée pour le transport des fauves. Certains sabots possèdent des parois amovibles utiles pour immobiliser éventuellement l'animal pour des soins vétérinaires.
Saltimbanque : Acrobate qui exécute tours et prouesses. Dérivé de l'italien *saltimbanco, saltare* : sauter, *banco* : banc, banquette.
Tchécos : Nom générique des monteurs du chapiteau traditionnellement d'origine tchèque au moins jusque dans les années quarante.
Trapèze : Du grec *trapezion* (petite table, trapèze). On distingue plusieurs types de trapèzes correspondant à des utilisations précises. Trapèze fixe ou simple : agrès sur lequel un acrobate exécute diverses figures avec ou sans ballant du trapèze. Le trapèze Washington, mis au point par l'Américain Keyes Washington, consiste en une barre évidée au centre et alourdie à ses extrémités pour permettre des équilibres plus élaborés.
Trapèze volant : Trapèze vers lequel un voltigeur s'élance pour rejoindre les mains d'un porteur ou un second trapèze. Les exercices s'appellent des passes et le trapèze volant est souvent un travail de troupe.
Trinka : Siège allongé utilisé par les antipodistes dont la structure (plan incliné surélevant la partie inférieure de celui qui s'y place sur le dos) permet de tenir les jambes à la verticale pour jongler avec les pieds.
Tunnel : Couloir de grille pour faire passer les fauves de leur voiture jusqu'à la cage centrale.
Verdine : Appellation ancienne de la roulotte traditionnellement peinte en vert.
Voltige : Exercice acrobatique consistant à sauter de diverses manières sur un cheval au galop.

Liste de mots américains «typiquement cirque» ou avec une connotation originale dans la signification. Elle a été établie par l'auteur, d'après le livre Circus Heroes and Heroines, *de Rhina Kirk, publié aux éditions Hamond en 1972.*

Aba daba : N'importe quel type de dessert servi sous la tente réfectoire…
Back door : Entrée des artistes.
Bibles : Programmes ou magazines-souvenirs.
Big Bertha : Ringling Bros and Barnum & Bailey…
Big-top : Le chapiteau où se déroulent les spectacles.
Bulls : Terme générique pour désigner les éléphants quel que soit leur sexe.
Calliope : Orgue à vapeur qui clôt traditionnellement la parade dans les rues ; placé à la fin du cortège pour que le bruit et la fumée n'effraient pas les éléphants. Image forte du cirque américain de la fin du XIXe et du début du XXe siècle.
Cats : Les lions, les tigres et tous les fauves en général, à l'exception des ours.
Clown alley : Une partie de tente (loge) où sont rangés malles et accessoires des clowns.
Flyers : Terme générique pour désigner les aériens.
Gilly : L'équivalent américain du «pantre» français, celui qui n'est pas du voyage.
Hey rube! : Cri de ralliement des gens du cirque lorsque l'un d'eux est en difficulté. Aux prises avec un «gilly» par exemple…
Horse : Mille dollars…
Joey : Un clown, dérivé de Joe Grimaldi, célèbre clown anglais du XVIIIe siècle.
Jump : Littéralement, un saut; en fait, la distance entre deux villes.
Little people : Le «petit peuple» des nains et des lilliputiens.
Lot : Terrain où est installé le cirque.
Picture gallery : Un homme entièrement tatoué.
Spec : Abréviation généralisée pour définir la parade qui ouvrait autrefois le spectacle et se place le plus souvent aujourd'hui avant l'entracte.
Tail up! : Commandement pour que les éléphants se mettent en file.
Wait Brothers Show : Ringling Bros Barnum and Bailey… Appellation humoristique pour désigner le géant des frères Ringling qui utilisait largement l'argument publicitaire : «*Wait for the Big Show.*» Littéralement «Attendez-nous!»
Zanies : Clowns. Analogie anglaise avec les «Zanni» de la *commedia dell'arte*.

FILMOGRAPHIE

- *Le Cirque*, Charles Chaplin, 1927.
- *Le Cirque fantastique*, Joseph M. Newman, 1959.
- *Le Clown et l'Enfant (Toby Tyler)*, Charles T. Barton, 1959.
- *Les Clowns*, Federico Fellini, 1970.
- *Le Fou du cirque,* Michael Kidd, 1957.
- *Freaks*, Tod Browning, 1932.
- *Les Géants du cirque*, James Edward Grant, 1954.
- *Les Gens du voyage,* Jacques Feyder, 1938.
- *Le jour où le clown pleura*, Jerry Lewis, 1972.
- *Larmes de clown*, Victor Sjöström, 1924.
- *Limelight*, Charles Chaplin, 1952.
- *Lola Montès*, Max Ophuls, 1955.
- *La Nuit des forains*, Ingmar Bergman, 1953.
- *Parade*, Jacques Tati, 1974.
- *La Plus Belle Fille du monde (Jumbo),* Busby Berkod, 1962.
- *Le Plus Grand Cirque du monde*, Henry Hathaway, 1964.
- *Sous le plus grand chapiteau du monde*, Cecil B. DeMille, 1952.
- *Sous le plus petit chapiteau du monde*, Basil Dearden, 1957.
- *Trapèze,* Carol Reed, 1955.
- *Un jour au cirque,* Edward Buzzel (Marx Brothers), 1939.
- *Variétés*, Ewald-André Dupont, 1925.
- *Yoyo*, Pierre Etaix, 1965.

BIBLIOGRAPHIE

Ouvrages généraux

- Adrian, *Ce rire qui vient du cirque*, 1977;
  Le cirque commence à cheval, 1979;
  Ils donnent des ailes au cirque, 1988;
  À vous les jongleurs, 1977;
  En piste les acrobates, 1973;
  Cirque au cinéma, 1984;
  tous ces ouvrages, chez l'auteur.
- Les Arts Sauts, *Kayassine*, photos Philippe Cibille, 1998.
- Albrecht E., *The New American Circus*, Florida University Press, 1995.
- Auguet R., *Les Jeux romains*, Flammarion, 1970.
- Auguet R., *Histoire et légende du cirque*, Flammarion, 1974.
- B. Maripaule, Goudard Ph., *Écrits sur le sable* (2 vol.), 1993-1994.
- Begadi B., Estournet J.-P., Meunier S., *L'Autre Cirque*, Éditions Mermon, 1990.
- Berrouet L., Laurendon G., *Magiciens des boulevards*, Éditions Parigramme, 1995.
- Bostock C. H., *Menageries Circus and Theatres*, Chapman and Hall, 1927.
- Bouvier P., Topor R., *Les Contorsionnistes*, Éditions du Collectionneur, 1993.
- Cirque Baroque, *Ningen*, photos D. Colin, 1998.
- Cirque Ici, *Où ça*, 1999.
- Collectif d'auteurs, *Joies du cirque*, Hachette, 1977.
- Collectif d'auteurs, *Le Grand Livre du cirque*, Bibliothèque des Arts, 1977.
- Collectif d'auteurs, *Clowns et farceurs*, Bordas, 1982.
- Collectif d'auteurs, *Cirque Knie - Une dynastie du cirque*, Marguerat, 1975.
- Collectif d'auteurs sous la direction de C. Amiard-Chevel, *Du cirque au théâtre, Théâtre des années 1920*, L'Âge d'homme, avec le concours du CNRS.
- Culhane J., *The American Circus*, Henry Holt, 1990.
- Drake, S., *Cirque du Soleil*, Cirque du Soleil Éditeur, Montréal, 1993.
- Dupavillon C., *Architectures du cirque*, Le Moniteur, 1982.
- Durant J.-A., *Pictorial History of the American Circus*, Barnes, 1957.
- Fillis J., *Principes de dressage et d'équitation*, Flammarion, 1972.
- Fox C. P., *A Ticket to the Circus*, Bramhall House, 1958.
- Fox C. P., *Circus Baggage Stock*, Pruett, 1983.
- Fox C. P., Parkinson T., *The Circus in America*, Country Beautiful, 1969.
- Fox C. P, Parkinson T., *The Circus Moves by Rail*, Pruett, 1978.
- Fox C. P, Parkinson T.,*Billers, Banners and Bombast*, Pruett, 1985.
- Frichet H., *Le Cirque et les forains*, Mame, 1898.
- Freedman J., *Circus Day*, Harmony Books, 1975.
- Gründ F., *La Ballade de Zingaro*, Éditions du Chêne, 2000.
- Guy J.-M. *Les Arts du cirque en l'an 2000*, Chroniques de l'AFAA, 2000
- Hagenbeck C., *Von Tieren und Menschen*, Vita Deutsches Verlagshaus, 1909.
- Hammarstrom D., *Behind the Big-Top*, Barnes, 1980.
- Hoffmann N., Bavelier A., *Quel cirque - des écoles à la piste*, Éditions alternatives, 1999.
- Hoh-Rough, *Step Right up!*, Betterway Publications, 1990.
- Huggil B., *Bring on the Clowns*, David and Charles, 1980.
- Jacob P., *Le Cirque, regards sur les arts de la piste du XVIe à nos jours*, Éditions Plume, 1996.

- Jacob P., *Les Clowns*, Éditions Magellan, 2001.
- Jacob P., *Les Écuyers*, Éditions Magellan, 2001.
- Jacob P., *Les Acrobates*, Éditions Magellan, 2001.
- Jando D., *Histoire mondiale du cirque*, J.-P. Delarge, 1977.
- Kirk R., *Circus Heroes and Heroines*, Hammond, 1972.
- Kurt F., Knie L., *Elefanten und Tiger im Zirkus Knie*, Ringier, 1980.
- Laurendon G. et L., *La Grande Aventure du nouveau cirque*, Le Cherche Midi Éditeur, 2001.
- Le Men S., *Seurat, Chéret, le peintre, le cirque et l'affiche*, Éditions du CNRS, 1994.
- Leroux H., *Les Jeux du cirque et la vie foraine*, Plon, 1889.
- Loisel G., *Histoire des ménageries*, O. Doin et fils, 1912.
- Manser R. N., *Circus*, Richford, 1987.
- Markschiess Van Trix N., *Les Affiches du cirque*, Leipzig, 1967.
- Mauclair D.,*Un jour aux cirques*, Bordas, 1996.
- May E. C., *The Circus from Rome to Ringling*, Duffield and Green, 1932.
- Rémy T., *Les Clowns*, Grasset, 1949.
- Rémy T., *Entrées clownesques*, L'Arche, 1973.
- Rennert J., *100 Ans d'affiches du cirque*, M. Veyrier, 1974.
- Romanès A., *Un peuple de promeneurs*, Éditions Le temps qu'il fait, rééd. 2000.
- Thétard H., *Les Dompteurs*, Gallimard, 1928.
- Thétard H., *La Merveilleuse Histoire du cirque*, édition originale en 3 volumes (pour son iconographie originale), 1947.
- Thétard H., *La Merveilleuse Histoire du cirque*, réédition de l'édition de 1947, suivie d'un complément : *Le Cirque depuis la guerre* par L.-R. Dauven, Julliard, 1978.
- Tuccaro A., *Trois Dialogues*, réédition de l'édition de 1599, HPW, 1978.
- Serge, *Le Monde du cirque*, Librairie des Champs-Elysées, 1939.
- Serge, *Histoire du cirque*, 1947.
- Serge, *La Route des cirques*, ABC, 1945.
- Speaight G., *A History of the Circus*, Barnes, 1980.
- Strehly G., *L'Acrobatie et les acrobates*, Delagrave, 1903.
-Velter A., Zingaro, *Suite équestre*, Gallimard, 1998.
- Villiers J., *Quand passent les clowns*, Syros, 1990.
- Wilson Disher M., *Greatest Show on Earth*, Bell, 1937.
- Winter M.-H., *Le Théâtre du merveilleux*, O. Perrin, 1962.
- Zeeb K., *Les Chevaux de Fredy Knie*, Payot, Lausanne, 1976.

Souvenirs et biographies

- Barnum P.-T., *Luttes et triomphes*, Plasma, 1980.
- Beatty C., *Facing the Big Cats*, Doubleday, 1965.
- Bouglione F., *Le cirque est mon royaume*, Presses de la Cité, 1962.
- Chipperfield J., *My Wild Life*, Macmillan, 1975.
- Cochran C.-B., *Showman Looks on*, Dent, 1945.
- Court A., *La Cage aux fauves*, LEP, 1953.
- Cipper P., *Un cirque en voyage*, Boivin, 1931.
- Fratellini A., *Nous les Fratellini*, Grasset, 1955.
- Garnier J., *Théodore Rancy et son temps*, Orléans, 1975.
- Grock, ... *Raconté par Grock*, V. Attinger, 1931.
- Grock, *Sans blague!*, Flammarion, 1948.
- Hagenbeck L., *Ces bêtes que j'aimais tant*, Presses de la Cité, 1956.
- Henderson J.-Y., *Médecin de cirque*, A. Bonne, 1955.
- Kunhardt P. B., Kunhardt P. W., Kunhardt M. P. B., *B. Barnum, an Illustrated Biography*, A. A. Knopf, New York, 1995.
- Laville A., *Mimile le clown*, Hachette, 1978.
- Mariel P., *Histoire de trois clowns*, L'île-de-France, 1923.
- Medrano J., *Une vie de cirque*, Arthaud, 1983.
- Miller M., *Circus Dreams*, Joy Street - Little Brown, 1991.
- Popov O., *Ma Vie de clown*, Stock, 1968.
- Proske R., *Les Lions, les tigres et moi*, Presses de la Cité, 1956.
- Saxon A. H. T., *P. T., Barnum, the Legend and the Man*, Columbia, 1989.
- Saxon A. H. T., *Barnumania*, Jumbo's Press, Fairfield, Connecticut, 1995.
- Saxon A. H. T., *The Life and Art of Andrew Ducrow*, Archon, 1978.
- Spessardy R., *Face aux fauves chez Pinder*, G. Authier, 1978.
- Trubka V., *Mes Fauves*, Delachaux, 1947.

Revues

- Numéro spécial de la revue *Artpress* «Le Cirque au-delà du cercle», n° 20, 1999.
- *Théâtre d'aujourd'hui*, n° 7, «Le Cirque contemporain, la piste et la scène», CNDP, 1998.
- Carnet de cirque Que cirque, Gallimard, 2001.

Pour aller plus loin

- Le fonds Pierre Féret, consacré au cirque, est consultable par tous à la bibliothèque Gaston-Baty, université Paris-III-Censier (01 45 87 40 59).

TABLE DES ILLUSTRATIONS

CHAPITRE 4

CHAPITRE 5

Fonds Jacob-William, Montréal.
99h Programme, Cirque olympique de Guerra. Musée du Cirque, Saint-Pétersbourg.
99 Final du cirque de Moscou, 1962. Musée du Cirque, Saint-Pétersbourg.
100 CNAC, 7e promotion 1995.
101 *La Tribu Iota*, 12e promotion, CNAC, 2000.

CHAPITRE 6

102 *Voir plus Haut*, CNAC.
103 *La Tribu Iota*, CNAC, 2000.
104 Festival de Monte-Carlo, vers 1980.
105 Martine Grüss, photographie.
107 *Kayassine*, spectacle des Arts Sauts.
108 *Et qui libre?* Compagnie Foraine, 1998.
109 Zingaro, *Triptyk*, Avignon, juillet 2000.
110h Archaos, Cirque d'Hiver, 1990.
110b Volière Dromesko, juin 1991, Saint-Herblain.
111 Archaos, La Villette, 1990.
112 Cirqu'Ici, Prague.
113 Cirque Plume, 1996.
114 Affiche du Cirque Crac.
115 Cirque du Soleil, bateau du spectacle *O*, 1998, photographie de Véronique Vial.
116 École nationale du Cirque Fratellini, *La Nouba,* 2001.
117 Cirque Baroque, *Ningen*, 1998.
118-119 et **119** Circus Baobab.
120 Archaos, le camion trapèze, Saint-Ouen, 1992.
121 La bulle des Arts Sauts.
122 *Manaqui*, Teatro del Silencio, 1997.
123 Johan Le Guillerm.
124-125 Cirque Eloïse.
126 Cirqu'Ici, Belfort, 1996.
127, 128 *Ningen*.

TÉMOIGNAGES ET DOCUMENTS

129 Compagnie Gosh.
130, 131, 133 Dessins de W. Trier in *Artisten*, de Fred A. Colman et Walter Trier, Dresde, 1928. Bibl. Gaston-Baty, université Paris-III.
134 Enrico Rastelli, photographie.
135 «Le Prodigieux Champion du monde», affiche. Coll. A. Frère.
137 Rastelli au cirque Medrano, dessin de Serge, 1920.
138 «Bidel tous les soirs», affiche de Jules Chéret, 1876. BnF, Paris.
139, 140 Dessins de W. Trier in *Artisten*, op. cit. Bibl. Gaston-Baty, université Paris-III.
142 André Fratellini. *Idem*.
143 Albert Fratellini. *Idem*.
144 Alberto Fratellini. *Idem*.
145h François Fratellini. *Idem*.
145b Paolo Fratellini. *Idem*.
147 La loge des Fratellini. *Idem*.
146 Reconstitution de la loge des Fratellini, photographie.
149 Campagne d'information de Clowns sans Frontières.

INDEX

CRÉDITS PHOTOGRAPHIQUES

AFK, Berlin 57, 96. Archives Gallimard 20b, 38, 44, 46h, 50b, 93h, 94-95, 134. Art Institute, Chicago 18-19. Artephot/Nimatallah, Paris 14b. BnF, Paris 15, 26h, 42h, 42b, 56b, 64, 70, 88, 138. Bibl. Gaston Baty, université Paris-III-Censier 130 à 133, 139, 140, 142, 143, 144-145, 147. Bridgeman Art Collection, Londres 23b, 30-31, 54-55, 79, 86. British Museum, Londres 24h, 24b. Centre national des arts du cirque, Châlons-en-Champagne 89. Jean-Loup Charmet, Paris 21, 27. Philippe Cibille, Paris 11, 100, 102, 103, 107, 108, 109, 110h, 111, 112, 113, 117, 120, 121, 123, 126. Chicago Historical Society 87. Circus World Museum, Baraboo, Wisconsin 75h. Cirque du Soleil Inc., Montréal 115. Dominique Colin, Paris 127, 128. Philippe Dollo 110b. Serge Fleury dos, 104-105. Coll. A. Frère, Paris 135. Coll. J. Villiers, Paris 40, 55b, 59b, 67, 82b-83, 91. Coll. part. 2e plat de couv., 32-33, 45h, 45b, 59h, 66, 68-69, 80, 81, 92-93. Coll. Cité des Arts du cirque, Fonds Jacob-William, Montréal 30b, 32h, 41b, 43h, 61, 72, 76b, 76-77, 82, 84, 85, 90, 97, 98, 114. Coll. Sirot-Angel, Paris 46b. Dagli-Orti, Paris 17h. Edimédia, Paris 12. Hansmann, Munich 13, 14h, 17b, 22, 23h, 48, 50h, 52-53, 60, 62-63, 65, 91b. Kharbine/Tapabor, Paris 28-29h, 56h. Mary Evans, Londres 63h. Musée Carnavalet, Paris 26, 71. Musée des ATP, Paris, 35, 49, 92, 78, 80b. Musée de la Publicité, Paris 58. Musée du Cirque, Saint-Pétersbourg 29b, 73, 99h, 99b. Museum of Fine Art, Boston 34. Rapho, Paris 43b. Christophe Reynaud de Lage, Paris 1er plat de couv., 2, 3, 4-5, 6, 7, 8-9, 101, 116, 118-119, 119h, 124-125, 129, 146. Roger Viollet, Paris 37, 137. Scala, Florence 16, 51. Theatre Museum, Londres 25. Tyne and Wear Museum, Newcastle-upon-Tyne 74.

ÉDITION ET FABRICATION

DÉCOUVERTES GALLIMARD
COLLECTION CONÇUE PAR Pierre Marchand. DIRECTION Elisabeth de Farcy.
COORDINATION ÉDITORIALE Anne Lemaire. GRAPHISME Alain Gouessant.
COORDINATION ICONOGRAPHIQUE Isabelle de Latour.
SUIVI DE PRODUCTION Fabienne Brifault.
SUIVI DE PARTENARIAT Madeleine Giai-Levra.
RESPONSABLE COMMUNICATION ET PRESSE Valérie Tolstoï.
PRESSE David Ducreux et Alain Deroudilhe.

LA GRANDE PARADE DU CIRQUE
ÉDITION Jeanne Hély.
ICONOGRAPHIE Jeanne Hély et Diane d'Ormesson
MAQUETTE Didier Pujos, Dominique Dubois et Pascale Comte.
LECTURE-CORRECTION Béatrice Peyret-Vignals et Jocelyne Marziou.

Après des études universitaires de théâtre et une carrière d'assistant metteur en scène, Pascal Jacob poursuit plusieurs itinéraires parallèles. Passionné depuis toujours par le cirque, il soutient en 1984 une maîtrise sur le cirque américain et prépare actuellement une thèse sur l'évolution du costume de cirque. Il enseigne également l'histoire du cirque dans la plupart des écoles supérieures, à Rosny-sous-Bois, Bruxelles, Montréal et au Centre national des Arts du Cirque de Châlons-en-Champagne. Pascal Jacob crée aussi des costumes pour le théâtre, l'opéra et le cirque. C'est dans ce cadre qu'il a notamment conçu en 1995 et en 1999 les costumes pour le cirque Ringling Bros and Barnum & Bailey ainsi que les décors et les costumes du Barnum's Kaleidoscape.

1er dépôt légal : février 1992
Dépôt légal : novembre 2005
Numéro d'édition : 139763
ISBN : 2-07-076272-6
Imprimé en France par Kapp